7日でできる！

SPI

SPI3
テストセンター
対応

【頻出】問題集

目次

- **SPI とは？** 4

- **計算のキソ**　いろいろな計算 12
　　　　　　　　分数の計算 14
　　　　　　　　方程式のキソ 16

- **Column**　構造的把握力検査・ENG について 18

PART1　SPI をモノにする 7 日間

1日目　速さ　その 1　時間・距離・速度 20
　　　　　　　その 2　時刻表 24
　　　　　　　その 3　旅人算 30

2日目　お金　その 1　損益算 36
　　　　　　　その 2　分割払い 40
　　　　　　　その 3　料金の割引 46
　　　　　　　その 4　料金の精算 52

3日目　数　その 1　順列・組み合わせ 56
　　　　　　　その 2　確 率 64
　　　　　　　その 3　割合と比 72

4日目 表

その1	集 合		78
その2	表計算・資料解釈		84
その3	長文の読み取り計算		90

5日目 推論1

その1	論 理		96
その2	順 位		100
その3	位置関係		106

6日目 推論2

その1	勝 敗		110
その2	対 応		114

7日目 言語

その1	二語関係		120
その2	語句の意味		124
その3	文章整序		128
その4	長文読解		132

Column

構造的把握力検査【問題】 138

PART 2 しめくくりの模擬テスト

模擬テスト

非言語		140
言語		150

Column

構造的把握力検査【解答・解説】 159

編集協力：アローグ・プランニングス / 本文デザイン・イラスト・DTP：杉山美紀

3

① SPI について

**SPI
とは？**

■ 就活で避けては通れない検査

　SPI とは、企業が採用活動において、応募者の能力や性格を診断するためのもの。採用プロセスにおいて SPI を導入している企業は毎年 1 万社以上になるなど、今や日本の新卒就職活動において避けては通れない検査となっています。就活中に SPI を受検する機会は、複数回あるのが一般的です。

■ 受検方法はさまざまある

　SPI には計算能力や事務処理能力、語彙力などを測定する「能力検査」と、性格を測定する「性格検査」があります。

　また受検方法はさまざまです。会場でマークシート式のテストに臨む「ペーパーテスティング方式」、特定の会場でパソコン受検する「テストセンター方式」、自宅や大学などでパソコン受検する「WEB テスティング方式」などです。ただし最近では、テストセンター方式が主流になっています。

　さらに次ページの表の通り、対象者によって SPI にはさまざまな種類がありますが、実際には SPI3-U を学んでおけば問題ありません。

　本書も主にテストセンター・SPI3-U の問題を収録しています。

SPI の実施方法（大卒向け SPI3-U の場合）

SPI の実施方法			実施時間
パソコンで受検	テストセンター	テスト会場のパソコンで受検	約 65 分 （能力検査：約 35 分 / 性格検査：約 30 分）
	インハウス CBT	受検する企業においてパソコンで受検	
	WEB テスティング	受検者の自宅や大学のパソコンで受検	
マークシート受験	ペーパーテスティング	マークシート方式で受検	約 110 分 （能力検査：約 70 分 / 性格検査：約 40 分）

4

SPIの主な種類

対象者	種類	内容
大学新卒採用	SPI3-U	能力検査＋性格検査
	GAT-U	能力検査のみ
高校新卒採用	SPI3-H	能力検査＋性格検査
	GAT-H	能力検査のみ
社会人採用	SPI3-G	能力検査＋性格検査
	GAT-G	能力検査のみ
大学新卒・短大新卒事務職採用 （非定型的な業務を含む）	SPI3-R	能力検査＋性格検査
	RCA	能力検査のみ
短大新卒・高校新卒事務職採用 （定型的な業務を行う）	SPI3-N	能力検査＋性格検査
	NCA	能力検査のみ

※この他、性格検査のみ、能力検査の時間を短縮したものなどあり。
※実施方法によって検査時間は異なる。

▎SPIの結果は将来にまで影響する

　SPIの発売元によれば、SPIで測定する能力や性格は原則として一生不変の性質である、とされています。

　これが正しいか否かはともかく、SPIで事務処理能力に難ありと判定されると、その人は一生、事務処理能力が乏しいと判断されてしまうのです。

　これは非常に重要なポイントです。実際に発売元では、SPIの結果を採用活動だけでなく、その後の配属や昇進、業務評価にまで用いるよう推奨しています。SPIの結果が一生のキャリアプランにまで影響しかねないのです。

SPIとは？ ②テストセンター方式について

▌特定の会場でパソコンで受検する

　近年、一般化しているのがテストセンター方式です。前述の通り、特定の（指定された）会場に設置されたパソコンで受検する方式です。

　具体的には、企業にエントリーすると、テストセンターSPIを受検するよう指示されます。だいたい1週間ほどの余裕があるので、その中の都合のいい時間に会場に行って受検します（日時・会場は事前に予約します）。

　そして、他の書類などとあわせて選考され、合格者は面接などに進んでいきます（これとは異なる流れもあります）。

▌テストセンター受検の流れ

志望企業から受検依頼が届く

テストセンターIDを取得

能力検査を受検する会場・日時を予約する

「性格検査」を事前にパソコンかスマートフォンで受検する

「能力検査」を会場で受検する（受検には、受検票と顔写真付きの身分証明書〈運転免許証、学生証、パスポートのいずれか〉が必要）

▌テストセンター画面

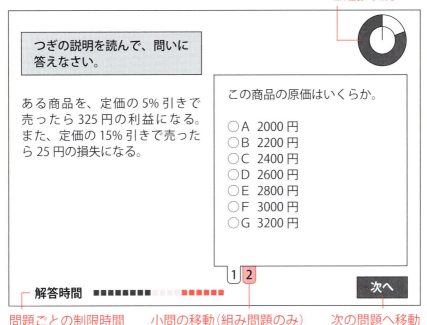

●テストセンターの特徴と注意点
・1問ごとに解答時間が設定されている
　時間内に解答しないと自動的に次の問題に移る。また、一度「次へ」をクリックしたら前に戻れない。
・一度受検した結果を他の企業にも使い回せる
　ただし、使い回せるのは直前で受けた結果のみ。また、得点などは受検者には公表されない。
・受検者のレベルで問題が変わる
　正解すれば、次の問題はよりレベルアップする。その逆もしかり。レベルが上がるほど、推論など思考力を問うものになっていく。

SPIとは？ ③能力検査の傾向と対策

■ 速さに関する問題（本書の1日目）

　SPIの定番ですが、基本的に「速度×時間＝距離」という公式がわかっていれば解けます。

　さらに、分速・時速、m・kmといった単位を揃えることが重要です。

　最近では、時刻表を使った問題や、旅人算（複数の人が移動する時間や距離、追いつく地点・時間などを問う）が主流になってきているので、それらの理解を深めておきましょう。

単元	難易度	ポイント
時間・距離・速度	かんたん	「速度×時間＝距離」が基本
時刻表	かんたん	文章題よりわかりやすい
旅人算	ふつう	2種類の問題がある

■ お金に関する問題（本書の2日目）

　身近な題材が多く、とっつきやすいかもしれません。とくに難問もないので、解き方に慣れて、確実に得点しておきたいところです。
「損益算」「分割払い」などでは、分数や百分率（パーセント）での計算が基本です。本書では、14〜15ページに分数の計算方法をまとめているので、忘れてしまった方は、実際の練習問題に入る前に確認しておいてください。

単元	難易度	ポイント
損益算	ふつう	「原価＋利益＝定価」が基本
分割払い	かんたん	分数がわかれば余裕
料金の割引	かんたん	解き方を押さえれば大丈夫
料金の精算	かんたん	解き方を押さえれば大丈夫

▌数に関する問題（本書の3日目）

　とくに文系学生にハードルが高いようで、このジャンルを苦手としている方もたくさんいます。複数の公式を理解して、問題に応じて使い分けられなければいけません。また、計算もほとんどが分数や百分率（パーセント）なので、ミスが多発しやすいのです。

　逆にいえば、この分野を毛嫌いして苦手なまま本番に挑む学生が多いともいえます。冷静に考えれば楽に解ける問題なのに、アレルギー反応で飛ばしてしまい、得点をロスする例がたくさんあります。基本だけでも押さえておけば、他者と差をつけるチャンスになるでしょう。

単元	難易度	ポイント
順列・組み合わせ	ややむずかしい	公式に慣れよう
確率	ふつう	公式に慣れよう
割合と比	ふつう	分数の計算が主

▌表に関する問題（本書の4日目）

　このジャンルでは、問題文や表にある「数字」がそれなりの意味を持っています。個々の数字がどんな意味を持っているのか、どうやって算出された数字なのかを把握することが重要です。ある意味、読解力も問われています。

　表計算でいえば、たとえば第2列と第4列を掛けると第6列の数字になるとか、第3列と第5列の差が増加率に相当する、といった具合です。これらをきちんと読み取ることが、問題を解く第一歩になります。

単元	難易度	ポイント
集合	ややむずかしい	問題にある数字だけでは解けない
表計算・資料解釈	ふつう	表の見方がわかれば解ける
長文の読み取り計算	ふつう	問題にある数字だけでは解けない

■ 推論（本書の5日目・6日目）

いわゆる「論理パズル」のような問題です。これらは、自分なりにわかりやすい表や途中式をつくれるかどうかにかかっています。

この分野では、表をつくりながら解くことになるので、きちんとまとめる能力も必要です。本書で多くの問題に触れて、慣れておきましょう。

単元	難易度	ポイント
論理	ふつう	解き方を押さえれば大丈夫
順位	むずかしい	式を組み立てながら解こう
位置関係	むずかしい	表にして解こう
勝敗	むずかしい	表にして解こう
対応	むずかしい	表にして解こう

■ 言語問題（本書の7日目）

ここでは対策を立てるというより、ふだんから多くの文章や言葉に触れて、ボキャブラリーを高める努力をすべきでしょう。

二語関係の同意語・反意語や熟語の意味が苦手なら、漢字検定準2級〜2級程度の問題集が有益ですが、たんに言葉を覚えるというのではなく、実際に文章で使えるかどうかまでが重要です。

いずれにせよ、難易度の高い問題はありません。常識レベルの底上げをするつもりで取り組んで欲しいところです。

単元	難易度	ポイント
二語関係	かんたん	即答できる
語句の意味	かんたん	即答できる
文章整序	ふつう	コツがわかれば大丈夫
長文読解	ややむずかしい	やや時間がかかる

SPI とは？ ④性格検査について

　性格検査は、300問ほどの質問を30分程度で答えなければならず、考え込んでいる時間などまずありません。直感で素直に、自分を飾らず、どんどん回答していくことが求められます。

　この「直感で素直に」という姿勢が大切なのは、回答時間が少ないということに加えて、以下の理由があります。

　性格検査では、「性格特徴」「職務適応性」「組織適応性」に関わるそれぞれの項目を、複数の質問をもとに判定しているということです。たとえば「困難な挑戦はワクワクする」「常に活動的なほうだ」「考えるよりまず行動するほうだ」といった質問群は、自分の性格を自覚していれば、だいたい同じ回答になると考えられます。下手に細工をしてこれらの回答がバラついてしまうと、応答態度に難ありと、性格検査の信頼性自体が損なわれてしまいます。

　企業にはさまざまな人材が必要です。「積極的で社交的な人」も「集中力が高くて粘り強い人」も、それぞれ活躍するステージはあります。

　一方、小手先の技術で適当にものごとに取り組む人は、どんな企業のどんな部署でも重宝されることはありません。ありのままの自分を評価してもらえばよいのです。

性格検査の診断内容

1　性格特徴（4つの側面に分かれ、さらに細かい尺度から診断）
- ・情緒的側面（敏感性・自責性・気分性・独自性・自信性・高揚性）
- ・意欲的側面（達成意欲・活動意欲）
- ・行動的側面（社会的内向性・内省性・身体活動性・持続性・慎重性）
- ・社会関係的側面（従順性・回避性・批判性・自己尊重性・懐疑指向性）

2　職務適応性

3　組織適応性

いろいろな計算

SPIでは計算問題が数多く登場する。
本番形式の問題に入る前に、まずは、いろいろな計算に慣れておこう。

次の計算をしなさい。　　　**解答・解説**

1	$7 - 15$	-8
2	$0.35 + 1.8$	2.15 → 0.35 + 1.80 と考える
3	$7.5 - 6.08$	1.42 → 7.50 - 6.08 と考える
4	0.5×8	4 → 0.5 × 2 = 1、1 × 4 = 4 と式を組み立てると暗算しやすい
5	1.6×0.2	0.32 → 1.6 × 0.1 = 0.16、0.16 × 2 = 0.32 と式を組み立てると暗算しやすい
6	$25 \div 0.5$	50 → 数字を10倍にして 250 ÷ 5 でもよい。分数にして $25 \div \frac{1}{2}$ でもよい
7	$0.4 \div 2$	0.2 → 数字を10倍にして 4 ÷ 20 と式を組み立てると暗算しやすい

8 $-5 + 10$

5

9 $-7 \times (-15)$

105
→ マイナス×マイナス＝プラス
　※マイナス×プラス＝マイナス

10 3200×450

1440000
→ 桁数に注意する

11 $180000 \div (350 + 250)$

300
→ $180000 \div 600$
　※かっこ内を先に計算する

12 $48 \div (-6)$

-8
→ プラス÷マイナス＝マイナス
　※マイナス÷マイナス＝プラス

13 $5 \times (-3) - (-18) \times 2$

21
→ $-15 - (-36) = -15 + 36$

14 $15 + 3 \times 9$

42
→ $15 + 27$
　※かっこがない場合は、＋・−よりも
　　×・÷を先に計算する

15 $(25 + 70) \div 5$

19
→ $95 \div 5$
　※かっこ内を先に計算する

16 0.62×0.008

0.00496
→ 桁数に注意する

13

分数の計算

SPIには分数を使う問題が非常に多い。苦手意識のある人も多いようだが、きちんと確認しておこう。

次の計算をしなさい。

解答・解説

1 $\dfrac{1}{5} - \dfrac{2}{15}$

$\dfrac{1}{15}$

→ $\dfrac{1 \times 3}{5 \times 3} - \dfrac{2}{15} = \dfrac{3}{15} - \dfrac{2}{15}$

※足し算・引き算は分母を揃え（通分）て計算する。
この場合、分子にも3を掛ける

2 $\dfrac{11}{6} + \dfrac{5}{4}$

$\dfrac{37}{12}$

→ $\dfrac{11 \times 2}{6 \times 2} + \dfrac{5 \times 3}{4 \times 3} = \dfrac{22}{12} + \dfrac{15}{12}$

※分母を揃えて計算する

3 $\dfrac{25}{18} - \dfrac{11}{24}$

$\dfrac{67}{72}$

→ $\dfrac{25 \times 4}{18 \times 4} - \dfrac{11 \times 3}{24 \times 3} = \dfrac{100}{72} - \dfrac{33}{72}$

※分母を揃えて計算する

4 $\dfrac{19}{8} \times 40$

95

→ $\dfrac{19 \times \overset{5}{\cancel{40}}}{\underset{1}{\cancel{8}} \times 1} = 95$

※掛け算は、分母・分子の数字をそれぞれ掛ける。
40は $\dfrac{40}{1}$ と考える

5 $\dfrac{11}{9} \times \dfrac{15}{22}$

$\dfrac{5}{6}$

→ $\dfrac{\overset{1}{\cancel{11}} \times \overset{5}{\cancel{15}}}{\underset{3}{\cancel{9}} \times \underset{2}{\cancel{22}}} = \dfrac{1 \times 5}{3 \times 2}$

※分母・分子を約分しながら計算すると速い

6 $\dfrac{5}{9} \times 12$

$\dfrac{20}{3}$

$\rightarrow \dfrac{5 \times \overset{4}{\cancel{12}}}{\underset{3}{\cancel{9}} \times 1} = \dfrac{5 \times 4}{3 \times 1}$

7 $8 \div \dfrac{6}{11}$

$\dfrac{44}{3}$

$\rightarrow 8 \times \dfrac{11}{6} = \dfrac{44}{3}$

※割り算は、逆数にして掛ける。

$\dfrac{6}{11}$ の逆数は $\dfrac{11}{6}$

8 $\dfrac{5}{12} \div 15$

$\dfrac{1}{36}$

$\rightarrow \dfrac{\overset{1}{\cancel{5}}}{12} \times \dfrac{1}{\underset{3}{\cancel{15}}} = \dfrac{1}{36}$

※ 15 の逆数は $\dfrac{1}{15}$

9 $\dfrac{10}{33} \div \dfrac{5}{6}$

$\dfrac{4}{11}$

$\rightarrow \dfrac{\overset{2}{\cancel{10}}}{\underset{11}{\cancel{33}}} \times \dfrac{\overset{2}{\cancel{6}}}{\underset{1}{\cancel{5}}} = \dfrac{4}{11}$

10 $\dfrac{15}{16} \div 3 \times \dfrac{1}{2}$

$\dfrac{5}{32}$

$\rightarrow \dfrac{15}{16} \times \dfrac{1}{\underset{1}{\cancel{3}}}^{5} \times \dfrac{1}{2} = \dfrac{5}{16} \times \dfrac{1}{2}$

11 $\dfrac{2}{5} + \dfrac{1}{2} \div \dfrac{2}{3}$

$\dfrac{23}{20}$

$\rightarrow \dfrac{2}{5} + \dfrac{1}{2} \times \dfrac{3}{2} = \dfrac{2}{5} + \dfrac{3}{4}$

$= \dfrac{8}{20} + \dfrac{15}{20}$

方程式のキソ

文章題などでは、求める数を x として方程式をつくると簡単に解けるものが多い。方程式の解き方について確認しておこう。

次の方程式を解きなさい。　　**解答・解説**

1　$x + 5 = 12$

$x = 7$
→ $x + 5 = 12$
　$x = 12 - 5$
※移項はプラスとマイナスの記号を逆にして等号（＝）の反対側に移す

2　$x - 4 = 7$

$x = 11$
→ $x - 4 = 7$
　$x = 7 + 4$

3　$2x = 36$

$x = 18$
→ $2x = 36$
　$x = 36 ÷ 2$
※両辺を2で割る

4　$6x - 15 = 45$

$x = 10$
→ $6x - 15 = 45$
　$6x = 45 + 15$
　$6x = 60$
　$x = 60 ÷ 6$

5　$\frac{1}{2}x - 3 = 12$

$x = 30$
→ $\frac{1}{2}x - 3 = 12$
　$2 × \left(\frac{1}{2}x - 3\right) = 2 × 12$
※両辺に2を掛ける（分母を払う）
　$x - 6 = 24$　$x = 24 + 6$

6 $\dfrac{4}{3}x - \dfrac{2}{3} = 2$

$x = 2$

→ $\dfrac{4}{3}x - \dfrac{2}{3} = 2$

$3 \times \left(\dfrac{4}{3}x - \dfrac{2}{3}\right) = 3 \times 2$

※両辺に 3 を掛ける（分母を払う）

$4x - 2 = 6 \quad 4x = 6 + 2$

---

7 $x - 22 = 3x$

$x = -11$

→ $x - 22 = 3x$

$x - 3x = 22$

$-2x = 22$

---

8 $5x + 2 = 2x - 7$

$x = -3$

→ $5x + 2 = 2x - 7$

$5x - 2x = -7 - 2$

$3x = -9$

---

9 $\dfrac{2}{3}x + 2 = \dfrac{1}{3}x - 5$

$x = -21$

→ $\dfrac{2}{3}x + 2 = \dfrac{1}{3}x - 5$

$3 \times \left(\dfrac{2}{3}x + 2\right) = 3 \times \left(\dfrac{1}{3}x - 5\right)$

$2x + 6 = x - 15$

$2x - x = -15 - 6$

---

10 $3(x + 1) = 2x + 4$

$x = 1$

→ $3(x + 1) = 2x + 4$

$3x + 3 = 2x + 4$

$3x - 2x = 4 - 3$

---

11 $\dfrac{2}{3}x + \dfrac{1}{2} = \dfrac{1}{5}x + \dfrac{3}{4}$

$x = \dfrac{15}{28}$

→ $60 \times \left(\dfrac{2}{3}x + \dfrac{1}{2}\right) = 60 \times \left(\dfrac{1}{5}x + \dfrac{3}{4}\right)$

※両辺に最小公倍数の 60 を掛ける（分母を払う）

$40x + 30 = 12x + 45 \quad 28x = 15$

Column 構造的把握力検査・ENG について

構造的把握力検査

　志望先の企業によっては「構造的把握力検査」という検査を受けるよう指示されることがあります。

　これは、ごく最近追加された新しい検査項目で、企業によってあったりなかったりします。

短文の論理構造をきちんと把握できるかどうかが問われる検査です。むずかしくはないのですが、身近に感じることの少ない項目なので、本書の138ページなどを見て、問題形式を把握しておいてください。

　ポイントは直感で解かないこと。どうしてその文を選択したのか、裏付けを論理的・客観的にきちんと説明できるよう心がけてください。

　一見して明らかに異なる選択肢がわかる、という問題ばかりではありません。むしろ引っ掛けでそういう選択肢を紛れ込ませるのが、この種のテストでは常套手段となっています。「なんとなく」で解答していると、高得点は望めません。

ENG

　あまり行われることはありませんが、SPIで英語力を測る検査があります。それがENGと呼ばれるものです。

　いわゆる「受験英語」に近い問題が出ます。英単語の同意語や反意語、誤文訂正、和文英訳、長文読解（3～6パラグラフ程度で決して長くない）などです。

　問題のレベルはセンター試験と同程度か、少し易しいくらいです。大学入学以降、まったく英語に手をつけていないという人は、多少なりとも参考書などを見直しておいたほうがいいかもしれません。

　とはいえ、英語力についてはTOEIC・TOEFLのスコアや、英検などのほうがより実用的で、多くの企業が重視しています。これらの試験を通じて、英語力そのものを底上げしておけば、それだけでも十分なＥＮＧ対策になります。

PART 1

SPIをモノにする7日間

- 1日目 ▶▶▶ 速さ
- 2日目 ▶▶▶ お金
- 3日目 ▶▶▶ 数
- 4日目 ▶▶▶ 表
- 5日目 ▶▶▶ 推論1
- 6日目 ▶▶▶ 推論2
- 7日目 ▶▶▶ 言語

その1 時間・距離・速度

公式を使おう！

速度 × 時間 = 距離
※これだけ覚えて、あとは方程式

★単位を揃えることを忘れない！
　分速＝時速÷60、秒速＝分速÷60、km＝○(m)÷1000
　時速＝分速×60、分速＝秒速×60、m＝○(km)×1000

★分単位の分数・小数に注意
　$\frac{1}{2}$ 時間＝30分、1.4時間＝$1\frac{24}{60}$ 時間＝1時間24分…
　※0.4時間＝60分×0.4＝24分

例題 ▶ 基本を押さえておこう

1 時速61.2kmは、秒速何mか。

2 時速34kmで119km移動するのにかかる時間は何時間何分か。

3 ある距離を時速45kmで移動したら1時間12分かかった。距離はいくらか。

4 ある人が8時50分ちょうどに自宅を出て4.8km/時で歩いたところ、目的地に9時5分18秒に着いた。距離はいくらか。

解説

1 時速61.2kmは、
分速では 61.2 ÷ 60 = 1.02km/分 = 1020m/分 である。
分速1020mは、秒速では 1020m ÷ 60 = 17m/秒
以上から、秒速17mとなる。

※時速とは1時間あたり、どのくらい進むか、ということ。
　分速とは1分あたり、どのくらい進むか、ということ。

2 公式に当てはめると、34km/時 × x = 119km
これを解くと、x = 119 ÷ 34 = 3.5
したがって、3.5時間 = 3時間30分。

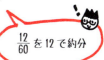

3 1時間12分は、$1 + \dfrac{12}{60} = 1 + \dfrac{1}{5} = 1.2$ 時間。
公式に当てはめると、
45km/時 × 1.2 = 54km
したがって、54kmとなる。

$\dfrac{12}{60}$ を12で約分

4 歩いていた時間は $15分18秒 = 15\dfrac{18}{60}$ 分 $= 15\dfrac{3}{10}$ 分。
4.8km/時を分速 (m) に直すと、
4.8km/時 ÷ 60 × 1000 = 80m/分。

したがって距離は、80m/分 × $15\dfrac{3}{10}$ 分
$= 80 \times \dfrac{153}{10} = \dfrac{12240}{10} = 1224$m。

その1 ●●● 時間・距離・速度

練習問題

▶ 解答・解説は別冊2〜3ページ

問題1 ☐

3.6kmの道のりを、Pさんは自動車で48km/時、Qさんは自転車で18km/時で行く。
このとき、Qさんが到着するのは、Pさんが到着した何分何秒後か。

A　6分12秒後　　B　6分45秒後　　C　7分10秒後
D　7分30秒後　　E　7分50秒後　　F　8分5秒後
G　8分36秒後　　H　8分45秒後

問題2 ☐

ある人が19.5kmの道のりを、最初は18分歩き、その後24分かけてバイクで行く。徒歩の速度が5km/時のとき、バイクの速度はいくらか。

A　25km/時　　B　30km/時　　C　32km/時　　D　35km/時
E　40km/時　　F　45km/時　　G　50km/時　　H　52km/時

問題3 ☐

ある道のりを48km/時で行くと、60km/時で行くより8分遅くなる。この道のりはいくらか。

A　16km　　B　20km　　C　24km　　D　28km
E　32km　　F　36km　　G　45km　　H　48km

Pさんの自宅と、自家用車が停めてある駐車場までは1.6km離れている。また、駐車場から職場までは60km離れている。

問題4 ☐

Pさんは朝8時に自宅を出て、分速80mで駐車場まで徒歩で向かい、時速36kmで自家用車に乗って職場に向かった。
職場に着いたのは何時何分か。

A 8時45分		**B** 9時10分		**C** 9時35分	
D 9時40分		**E** 10時		**F** 10時15分	
G 10時20分		**H** 10時35分			

問題5 ☐

ある日、自宅から駐車場へ徒歩で向かう途中、忘れ物に気づいて自宅に引き返し、忘れ物を確認してからまた駐車場へ向かったところ、忘れ物をしなかった場合より12分多くかかった。
Pさんの歩く速度が64m/分だとすると、忘れ物に気づいた地点から駐車場までは何mか。ただし、自宅で忘れ物を確認する時間は考慮しない。

A 525m		**B** 662m		**C** 784m		**D** 848m
E 950m		**F** 1216m		**G** 1345m		**H** 1410m

1日目 速さ その2 時刻表

Point!

区間の距離と時間を正確に読み取る

★時刻表の問題はほとんどが「分」単位の資料が出され、時速や距離を求めるものが多い。単位の統一はとくに注意！

時速 ＝ 分速× 60 、○○分 ＝ $\frac{○○}{60}$ 時間

★あとは速さの方程式を使って解く　速度×時間＝距離

例題 ▶ 基本を押さえておこう

下表は、P・Q・R の順に停留所を通過するバスの時刻表である。

P	発	19:50
Q	着	20:25
Q	発	20:35
R	着	21:15

1 PQ 間の距離が 42km のとき、この区間の平均時速はいくらか。

2 QR 間の平均時速は 52.5km/ 時であることがわかっている。このとき、QR 間の距離はいくらか。

解説

1 PQ間は19時50分から20時25分まで、すなわち35分かかっている。

35分かかって42km進むので、分速だと、

42km ÷ 35分 = 1.2km/分。

時速に直すと、

1.2 × 60 = 72km/時。

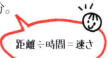

別解 $42\text{km} \div \dfrac{35}{60}$時間 $= 42 \times \dfrac{12}{7} = 72$km/時

(分数約分: 35→7, 60→12)

P	発	19:50
Q	着	20:25

距離 42km / 時間 35分

2 QR間は20時35分から21時15分まで、40分かかっている。

52.5km/時で40分（すなわち $\dfrac{40}{60} = \dfrac{2}{3}$ 時間）進むので、

距離は、52.5km/時 × $\dfrac{2}{3}$ 時間 = $\dfrac{105}{3}$ = 35

したがって、35kmとなる。

別解 52.5km/時 × 40分 ÷ 60 = 35km

Q	発	20:35
R	着	21:15

速度 52.5km/時 / 時間 40分

その2 時刻表

練習問題

▶ 解答・解説は別冊 4 ～ 6 ページ

下表は、A停留所を出発し、B停留所を通ってC駅に至るバスの時刻表である。

A	発	11:34
B	着	12:10
	発	12:15
C	着	12:42

問題1

AB間の距離が24kmであるとき、AB間の平均時速はいくらか。

A	40km/時	B	42km/時
C	46km/時	D	48km/時
E	50km/時	F	52km/時
G	55km/時	H	60km/時

26

問題2

BC間の平均時速が45kmであるとき、BC間の距離は何kmか。

A 18.5km   B 20.25km
C 22.5km   D 24km
E 25.75km F 26.5km
G 28.25km H 30.75km

問題3

問題2の条件をもとに、以下の問いに答えなさい。
ある日、バスが遅れてしまい、B停留所を出た時刻が12時21分であった。予定通りにC駅に到着するためにはBC間を平均時速何kmで走る必要があるか。最も近いものを選びなさい。

A 45km/時   B 48km/時
C 52km/時   D 57km/時
E 60km/時   F 63km/時
G 65km/時   H 68km/時

下表は、A駅を出発し、B駅、C駅、D駅を通ってE駅に至る電車の時刻表である。

A	発	14:20
B	着	14:50
	発	14:55
C	着	15:40
	発	15:50
D	通　過	
E	着	17:10

問題4 🗹

AB間の平均時速が114km、AC間の平均時速が102km、BC間の平均時速はいくらか。最も近いものを選びなさい。
なお、AC間の平均時速には、B駅での停車時間も含まれる。

A	100km/時	B	102km/時	C	105km/時
D	108km/時	E	112km/時	F	115km/時
G	118km/時	H	120km/時		

問題 5

CD間の平均時速が132km、DE間の平均時速が120km、CE間の距離が166kmであるとき、D駅を通過するのは何時何分か。

A 16時00分　B 16時05分
C 16時10分　D 16時18分
E 16時20分　F 16時25分
G 16時32分　H 16時35分

問題 6

問題4、問題5を踏まえてAE間の平均時速はいくらか。
最も近いものを選びなさい。

A 103km/時　B 105km/時
C 107km/時　D 110km/時
E 112km/時　F 120km/時
G 122km/時　H 126km/時

旅人算

1日目 速さ

その3

スラスラ解こう！

Point!

●たがいに近づくとき

Aの分速＋Bの分速
＝おたがいが近づく分速

●追いつこうとするとき

Aの分速－Bの分速
＝おたがいの距離が縮まる分速

★たがいに近づいてくるのか、追いつこうとしているのか、見極めが重要

例　題 ▶ 基本を押さえておこう

1 Pさんは自宅から駅に時速3.6kmで向かい、QさんはPさんの出発と同時に駅からPさんの自宅へ時速5.1kmで向かう。
このとき、自宅から駅まで2320m離れているとすると、2人が出会うのは何分後か。

2 Rさんは自宅から職場に車で時速34.8kmで向かっている。
出発してから12分後、忘れ物に気づいたRさんの妻が、時速52.8kmでRさんを追いかけた。
妻がRさんに追いつくのは、妻が出発してから何分後か。

解説

分速＝時速÷60
m＝○（km）×1000

1 まず、各々の分速を考える（km/時をm/分にする）。
P さんは 3.6km/時、すなわち 3600m/時なので、
分速は 3600 ÷ 60 ＝ 60m/分。

Q さんは 5.1km/時、すなわち 5100m/時なので、
分速は 5100 ÷ 60 ＝ 85m/分。
すなわち、2人の距離は1分間に 60 ＋ 85 ＝ 145m ずつ縮まる。
最初に 2320m 離れているので、
出会うまでの時間は、2320m ÷ 145m/分 ＝ 16 分。 おたがいが近づく
したがって 16 分となる。

2 まず、各々の分速を考える（km/時をm/分にする）。
R さんは 34.8km/時、すなわち 34800m/時なので、
分速は 34800 ÷ 60 ＝ 580m/分。
妻は 52.8km/時、すなわち 52800m/時なので、
分速は 52800 ÷ 60 ＝ 880m/分。

つまり、妻のほうが1分につき 880 － 580 ＝ 300m 速い
（R さんとの差が1分あたり 300m 縮まる）。
おたがいの距離が縮まる

R さんが、出発してから 12 分後は、
580m/分 × 12 分 ＝ 6960m のところにいる
（つまり、妻と 6960m 離れている）。
これが1分あたり 300m 縮まるので、
かかる時間は、6960m ÷ 300m/分 ＝ 23.2 分。
つまり、23.2 分後に追いつく。

その3 ●●●● 旅人算

練習問題

▶ 解答・解説は別冊7〜9ページ

問題1

Aさんは分速60mで歩いて家を出た。
その20分後にAさんの姉が自転車に乗って、分速300mの速さでAさんを追いかけた。
Aさんの姉は家を出てから何分後にAさんに追いつくか。

A	2分後	B	3分後	C	4分後
D	5分後	E	6分後	F	7分後
G	8分後	H	10分後		

問題2

A町とB町は2km離れている。
姉がA町からB町に分速150mで向かい、同じ時刻に弟はB町からA町に向けて分速250mで向かった。2人は何分後に出会うか。

A	2分後	B	3分後	C	4分後
D	5分後	E	6分後	F	7分後
G	8分後	H	10分後		

32

問題3

Pさんは分速100mの速さで家を出た。
Pさんの兄はその10分後に家を出てPさんを追いかけたところ、Pさんが家を出てから30分後に追いついた。兄の速度はいくらか。

A	140m/分	**B**	145m/分	**C**	150m/分
D	155m/分	**E**	160m/分	**F**	165m/分
G	170m/分	**H**	175m/分		

問題4

A村とB村は3km離れている。
父がA村からB村へ分速125mで向かい、同じ時刻に息子がB村からA村へある速さで向かったところ、2人は15分後に出会った。息子の速さは分速何mか。

A	50m/分	**B**	55m/分	**C**	60m/分
D	70m/分	**E**	75m/分	**F**	85m/分
G	90m/分	**H**	100m/分		

P さんは家を出て分速 90m の速さで学校へ向かった。

P さんが家を出て 10 分後、忘れ物に気がついた母が自動車で、分速 540m の速さで P さんを追いかけた。

P さんは母と合流すると自動車（分速 540m）で学校へ向かい、合流してから 3 分後に学校についた。

これについて、以下の問いに答えなさい。

問題5 ☑

母が P さんに追いついたのは、P さんが家を出て何分後か。

A 11 分後	**B** 12 分後	**C** 13 分後
D 14 分後	**E** 15 分後	**F** 16 分後
G 17 分後	**H** 18 分後	

問題6 ☑

P さんの家から学校までの平均速度を求めよ。

A 155m/ 分	**B** 157.5m/ 分	**C** 168m/ 分
D 175.5m/ 分	**E** 180m/ 分	**F** 195m/ 分
G 200.5m/ 分	**H** 225.5m/ 分	

Pさんは分速200mでA町からB町へ、Qさんは分速400mでB町からA町へ向かった。
PさんはA町を出発して10分後、通りにあったベンチに座って休憩をとった。Pさんが休憩をしている間に、B町からやって来たQさんと出会った。
2人は出会った後、元の速さで進み始め、PさんはQさんと出会ってから30分後にB町へ到着した。
これについて、以下の問いに答えなさい。

問題7

A町とB町はどれだけ離れているか。

A　6km　　　　B　6.5km　　　C　7.2km
D　7.5km　　　E　8km　　　　F　8.4km
G　9km　　　　H　9.3km

問題8

Pさんは休憩をとりはじめてから何分何秒後にQさんと会ったか。

A　3分15秒後　　B　3分25秒後　　C　4分10秒後
D　4分30秒後　　E　5分後　　　　F　5分40秒後
G　5分45秒後　　H　6分後

その1

損益算

2日目 お金

公式を使おう！

💡 Point!

原価＋利益＝定価
原価×利益率＝利益

★利益率は分数に直して計算する。15% = $\dfrac{15}{100}$ とする

★定価の1割引きの売価。定価× $\dfrac{9}{10}$

★売値－原価＝利益（マイナスの場合は損失）

例 題 ▶ 基本を押さえておこう

1 原価300円の商品に10%の利益を見込んで定価をつけた。
定価はいくらか。

2 ある商品に30%の利益を見込んで定価をつけたところ、定価は
3250円となった。この商品の原価はいくらか。

3 原価が200円の商品を50個仕入れて、20%の利益を見込んで定価
をつけたところ、15個売れ残った。
そこで売れ残ったものを15%値引きしたところ完売した。
このとき、全体の利益はいくらか。

解説

1 公式に当てはめて計算する。

利益は $300 円 \times \dfrac{10}{100} = 30$ 円。

したがって、$300 円 + 30 円 = 330$ 円。

原価×利益率＝利益
原価＋利益＝定価

2 公式に当てはめて計算する。

原価を x とすると、利益は $x \times \dfrac{30}{100}$ となる。

したがって、公式より、$x + x \times \dfrac{30}{100} = 3250$ 円。

これを解く。

$\dfrac{100}{100}x + \dfrac{30}{100}x = 3250$

$\dfrac{130}{100}x = 3250$

$x = 3250 \div \dfrac{130}{100} = 3250 \times \dfrac{100}{130} = 2500$ 円。

したがって、2500 円となる。

分数の割り算は
分母と分子を逆にして
掛け算にする

3 最初の定価による利益は、$200 円 \times \dfrac{20}{100} = 40$ 円。

これで 35 個販売したので、総額は $40 円 \times 35 個 = 1400$ 円。

値引き後の売価は、

$240 円 \times \dfrac{85}{100} = 204$ 円。

利益分だけ計算する

すなわち、1 個 4 円の利益で 15 個販売したので、

利益は、$4 円 \times 15 個 = 60$ 円。

よって、全体の利益は $1400 円 + 60 円 = 1460$ 円。

その1 ●●● 損益算

練習問題

▶ 解答・解説は別冊 10 〜 12 ページ

問題1 ☑

ある商品に原価の 3 割の利益を得られるように定価をつけ、定価の 1 割引きで売ったところ、510 円の利益を得た。商品の原価はいくらか。

| A | 2400 円 | B | 2600 円 | C | 2750 円 | D | 3000 円 |
| E | 3200 円 | F | 3350 円 | G | 3500 円 | H | 3600 円 |

問題2 ☑

ある商品に原価の 25% の利益を得られるように定価をつけた。定価の 300 円引きで売ったとき、原価の 10% の利益が得られた。このときの原価はいくらか。

| A | 1000 円 | B | 1200 円 | C | 1400 円 | D | 1600 円 |
| E | 1800 円 | F | 2000 円 | G | 2200 円 | H | 2400 円 |

問題3 ☑

ある品物は、定価で売ると原価の 15% の利益が得られ、定価の 2 割引きで売ると 160 円の損失となる。この品物の定価はいくらか。

| A | 1800 円 | B | 1850 円 | C | 2000 円 | D | 2200 円 |
| E | 2300 円 | F | 2450 円 | G | 2600 円 | H | 2800 円 |

Ｐさんはある品物に原価の4割の利益を得られるように定価をつけていた。しかし、品物がなかなか売れないため、割引して売ることにした。

問題4 ☑

定価の200円引きで売ると、利益は原価の32%になるという。この品物の原価はいくらか。

| A | 1500円 | B | 1600円 | C | 1750円 | D | 1800円 |
| E | 2000円 | F | 2200円 | G | 2400円 | H | 2500円 |

問題5 ☑

問題4の条件で、原価の3割の利益が得られるようにするには、定価の何円引きで売ればよいか。

| A | 100円 | B | 120円 | C | 160円 | D | 200円 |
| E | 250円 | F | 280円 | G | 300円 | H | 320円 |

39

2日目 お金 その2 分割払い

Point!

購入時に x を支払い、
残りを y 回の分割払いにする場合、
1回あたりの支払額：$(1-x) \div y$

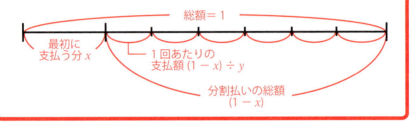

例題 ▶ 基本を押さえておこう

1 ある人が自動車を購入した。支払いは 12 回の分割にする。
このとき、1回あたりの支払額は、総額のうちのいくらか。

2 ある人がバイクを購入した。最初に総額の $\frac{1}{5}$ を支払い、残りを 12 回の分割にする。
このとき、分割1回あたりの支払額は、総額のうちのいくらか。

3 例題2のとき、分割を7回終えたときの支払い済みの金額は、総額のうちのいくらか。

解 説

1 12回に分割しているので、1回あたりの支払額は $\dfrac{1}{12}$ である。

2 次の図をもとに考える。

残り $\dfrac{4}{5}$ を12回の分割にするので、1回あたりの支払額は、

$$\dfrac{4}{5} \div 12 = \dfrac{4}{5} \times \dfrac{1}{12} = \dfrac{4}{60} = \dfrac{1}{15}$$

したがって、$\dfrac{1}{15}$。

3 分割1回あたりの支払額は $\dfrac{1}{15}$ である。

これを7回終えているので、$\dfrac{1}{15} \times 7 = \dfrac{7}{15}$。

最初に $\dfrac{1}{5}$ を支払っているので、支払い済みの金額は、

$$\dfrac{7}{15} + \dfrac{1}{5} = \dfrac{7}{15} + \dfrac{3}{15} = \dfrac{10}{15} = \dfrac{2}{3}$$

その2 分割払い 練習問題

▶ 解答・解説は別冊 13〜15 ページ

問題1

新しく印刷機を購入する。最初に総額の $\frac{1}{4}$ を支払い、残額を5回に均等に分割して支払う。分割払いの1回あたりの支払額は総額のどれだけにあたるか。

A $\frac{3}{15}$　　B $\frac{5}{17}$　　C $\frac{7}{18}$　　D $\frac{3}{20}$

問題2

新しく冷蔵庫を購入し、代金は4回に分けて支払うことにした。最初に総額の $\frac{1}{3}$ を、2回目に総額の $\frac{1}{4}$ を、3回目に総額の $\frac{1}{8}$ を支払った。4回目に支払うべき金額は総額のどれだけにあたるか。

A $\frac{4}{21}$　　B $\frac{5}{22}$　　C $\frac{6}{23}$　　D $\frac{7}{24}$

問題3 ◩

新しくホームシアタースピーカーを購入し、代金は8回に分けて支払うことにした。総額の $\frac{2}{19}$ ずつ7回支払い、8回目に残った金額をすべて支払うとすると、8回目に支払うべき金額は総額のどれだけにあたるか。

A $\frac{5}{19}$　　　B $\frac{3}{10}$　　　C $\frac{10}{21}$　　　D $\frac{9}{23}$

問題4 ◩

新しく洗濯機を購入する。最初に総額の $\frac{1}{3}$ を、2回目に総額の $\frac{2}{7}$ を支払った。その後、残額を4回に均等に分割して支払う。4回の分割払いの1回あたりの支払額は総額のどれだけにあたるか。

A $\frac{3}{19}$　　　B $\frac{2}{21}$　　　C $\frac{5}{23}$　　　D $\frac{3}{26}$

問題5 ◩

新しく液晶テレビを購入する。最初に総額の $\frac{1}{5}$ を、2回目に総額の $\frac{1}{10}$ を支払った。その後、残額を7回に均等に分割して支払う。7回の分割払いの1回あたりの支払額は総額のどれだけにあたるか。

A $\frac{1}{10}$　　　B $\frac{1}{12}$　　　C $\frac{3}{14}$　　　D $\frac{4}{15}$

新しく電子レンジを購入する。購入時に総額の $\frac{1}{4}$ を支払い、残額を5回に均等に分割して支払う。

問題6

5回の分割払いの1回あたりの支払額は総額のどれだけにあたるか。

A $\frac{3}{17}$　　B $\frac{2}{19}$　　C $\frac{3}{20}$　　D $\frac{5}{21}$

問題7

5回の分割払いのうち、3回が済んだ時点における支払い済みの金額は、総額のどれだけにあたるか。

A $\frac{1}{10}$　　B $\frac{3}{10}$　　C $\frac{7}{10}$　　D $\frac{9}{10}$

新しくギターを購入し、代金は6回に分けて支払うことにした。
1回目に総額の$\frac{1}{3}$を、2回目に総額の$\frac{2}{5}$を支払った。
その後、残額を4回に均等に分割して支払う。

問題8

2回目までの支払いを終えた時点で、残額は総額のどれだけにあたるか。

A $\frac{3}{10}$　　B $\frac{4}{11}$　　C $\frac{5}{13}$　　D $\frac{4}{15}$

問題9

4回の均等な分割払いの1回あたりの支払額は、総額のどれだけにあたるか。

A $\frac{1}{12}$　　B $\frac{1}{13}$　　C $\frac{1}{14}$　　D $\frac{1}{15}$

問題10

5回目までの支払いを終えた時点での支払済みの金額は、1回目に支払った金額のどれだけにあたるか。

A $\frac{13}{4}$　　B $\frac{14}{5}$　　C $\frac{5}{2}$　　D $\frac{16}{7}$

2日目 お金 その3 料金の割引

定価分と割引分を分けて考える

★割引が適用される条件をきちんと把握する
★定価×個数＋割引額（割引き後の価格）×個数＝総額

例題 ▶ 基本を押さえておこう

1 ある商品の定価は1個500円だが、まとめて6個以上買うとき、5個を超えた分については1個420円となる。
15個まとめて買ったときの総額はいくらか。

2 ある商品の定価は1個400円だが、まとめて16個以上買うとき、15個を超えた分についてはいくらか割引がある。
この商品を23個買ったとき、全部で8080円だった。15個を超えた分に適用される割引は何％か。

3 ある博物館の入場料は1200円だが、11人以上の団体だと11人目から750円になる。
この博物館に25人で行った場合、入場料の1人あたりの平均はいくらか。

解説

1 定価で買ったのは 5 個なので、その分の金額は、
500 円 × 5 個 = 2500 円。
割引で買ったのは 15 個 − 5 個 = 10 個なので、その分の金額は、420 円 × 10 個 = 4200 円。
したがって総額は、2500 円 + 4200 円 = 6700 円。

> 定価分と割引分を分けて考える

2 定価で買った分は 15 個なので、この分の価格は、
400 円 × 15 個 = 6000 円
ということは、残りの 8 個は 8080 − 6000 = 2080 円である。
1 個あたりの価格は、2080 円 ÷ 8 個 = 260 円
定価は 400 円なので、
$400 \times x = 260$。
$x = 260 \div 400 = \dfrac{260}{400} = \dfrac{13}{20} = 0.65 = 65\%$
すなわち、割引率は 100 − 65 = 35% である。

3 定価で入るのは 10 人なので、その分の金額は、
1200 円 × 10 人 = 12000 円。
割引で入るのは 25 − 10 = 15 人なので、その分の金額は、
750 円 × 15 人 = 11250 円。
したがって総額は、12000 円 + 11250 円 = 23250 円。
全部で 25 人なので、1 人あたりの平均は、
23250 ÷ 25 = 930 円となる。

総額÷入場者数

その3 料金の割引

練習問題

▶ 解答・解説は別冊 16 〜 18 ページ

問題1

ある商品の定価は1個420円だが、まとめて11個以上買う場合、10個を超えた分については1個390円となる。25個まとめ買いしたときの総額はいくらか。

A	9360 円	B	9410 円	C	9500 円
D	9600 円	E	9860 円	F	10050 円
G	12000 円	H	12260 円		

問題2

ある商品の定価は1個700円である。しかし、まとめて買う場合は割引があり、101個目から200個目については1個500円、201個目以降は1個300円となる。
この商品を280個まとめ買いすると総額いくらになるか。

A	96000 円	B	126000 円	C	129600 円
D	132000 円	E	144000 円	F	156000 円
G	160000 円	H	162000 円		

ある印刷会社では、チラシ印刷が1枚あたり20円かかる。しかし、301枚以上まとめて印刷する場合は、300枚を超える分については1枚15円で行う。

問題3 ☐

500枚のチラシを印刷すると総額でいくらかかるか。

A 7200円　　B 7400円　　C 7650円
D 8000円　　E 8400円　　F 8700円
G 9000円　　H 9200円

問題4 ☐

チラシ1枚あたりにかかる値段がちょうど16円となるのは、何枚印刷する場合か。

A 1500枚　　B 1520枚　　C 1600枚
D 1640枚　　E 1680枚　　F 1720枚
G 1800枚　　H 1840枚

ある米農家では、米を 1kg あたり 500 円の定価で販売している。しかし、30kg を超えてまとめ買いする場合には、超えた分については定価の 4 割引きの値段で売っている。

問題5

米を 40kg まとめ買いしたら総額でいくらになるか。

A 15500 円　B 15800 円　C 15980 円　D 16000 円
E 16200 円　F 16800 円　G 17500 円　H 18000 円

問題6

P さんがこの農家から米を買ったところ、価格はすべて定価で買ったときより 4400 円安かった。買ったのは何 kg か。

A 22kg　B 25kg　C 30kg　D 32kg
E 36kg　F 40kg　G 48kg　H 52kg

問題7

全体として定価の 2 割引きで米を購入するには、何 kg まとめ買いすればよいか。

A 50kg　B 56kg　C 60kg　D 65kg
E 70kg　F 78kg　G 80kg　H 82kg

あるウェブサービスでは、サービス内で利用できるポイントを 1 ポイント 100 円で購入できる。

しかし、まとめ買いする場合には割引があり、101 から 500 ポイントは 1 ポイント 80 円、501 ポイント以上は 1 ポイント 40 円で購入できるようになる。

問題8 ☑

500 ポイントをまとめ買いした場合、全体としては 1 ポイントあたりいくらになるか。

A 84 円	**B** 96 円	**C** 102 円	**D** 108 円
E 110 円	**F** 120 円	**G** 124 円	**H** 130 円

問題9 ☑

全体として 1 ポイントあたり 80 円となるようにするには、何ポイントまとめ買いすればよいか。

A 430 ポイント	**B** 500 ポイント	**C** 550 ポイント
D 580 ポイント	**E** 600 ポイント	**F** 630 ポイント
G 650 ポイント	**H** 680 ポイント	

2日目 お金 その4 料金の精算

Point!

総額 ÷ 人数
= 1人あたりの負担額

★「当面の負担額」に惑わされない。総額と人数は問題文からわかるので、あとは計算なり方程式なりで解く

例題 ▶ 基本を押さえておこう

1 P、Q、Rの3人でパーティをした。ドリンクに4000円、フードに5000円かかることがわかっているとき、1人あたりの負担額はいくらか。

2 兄、姉、妹で旅行用のお菓子を買いに行った。兄は400円でスナック菓子を、姉は260円でキャンディを買った。
3人の負担額を均等にするためには、妹は兄、姉にそれぞれいくら支払えばよいか。

3 兄と弟合わせて1800円で両親へのプレゼントを買った。
弟は300円しか持っていなかったので、あとで不足分を支払うと約束した。
兄と弟の負担額を均等にするには、弟は兄にいくら支払えばよいか。

解説

1 かかった金額は、4000円＋5000円＝9000円。
これを3人で負担するので、9000円÷3人＝3000円。

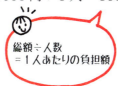

総額÷人数
＝1人あたりの負担額

2 かかった費用は全部で400円＋260円＝660円。
これを3人で負担するので、
1人あたりの負担額は660円÷3人＝220円。
したがって妹は、兄に400－220＝180円、
姉に260－220＝40円支払えばよい。

3 総額1800円を2人で負担するので、1人あたりの負担額は、
1800円÷2人＝900円。
弟は300円だけ負担しているので、本来の負担額には、
900円－300円＝600円足りない。
この分を支払えばよい。
弟は兄に600円支払う。

1人あたりの負担額－負担額
＝不足分

その4 料金の精算

▶ 解答・解説は別冊 19 〜 20 ページ

問題1

P、Q、Rの3人が15000円の商品を買うのに、ひとまずPが10000円、Qが4000円、Rが1000円支払った。
3人の負担が同額になるようにするには、PはQとRからそれぞれいくらもらえばよいか。

- A　Qから1000円、Rから2000円
- B　Qから1000円、Rから3000円
- C　Qから1000円、Rから4000円
- D　Qから2000円、Rから2000円
- E　Qから2000円、Rから3000円
- F　Qから2000円、Rから4000円

問題2

P、Q、Rの3人が旅行をした。Pは3人分の宿泊費33000円を、Qは3人分の食費21000円を、Rは3人分の交通費を支払った。
後日、3人が同額ずつ負担するために、RはPに8000円、QはPに2000円支払った。
交通費はいくらだったか。

- A　10000円
- B　12000円
- C　14000円
- D　15000円
- E　16000円
- F　17000円
- G　18000円
- H　20000円

問題3 ☑

P、Q、Rの3人である商品を買った。このとき、Pは1240円、Qは2380円、Rはいくらか支出した。あとで3人の負担額を均等にするために、PはQに550円、Rに40円渡した。
Rが最初に負担した額はいくらか。

A 1870円 **B** 1940円 **C** 1980円 **D** 2060円
E 2120円 **F** 2230円 **G** 2270円 **H** 2350円

問題4 ☑

P、Q、Rの3人が3000円ずつ出し合って共用のコーヒーメーカーを購入した。おつりを受け取ったPは、負担を同額にするためにQとRに200円ずつ渡した。
コーヒーメーカーはいくらだったか。

A 7600円 **B** 7800円 **C** 8000円 **D** 8200円
E 8400円 **F** 8600円 **G** 8800円 **H** 9000円

問題5 ☑

P、Q、R、Sの4人でバーベキュー用の食材を3900円分購入した。P、Q、Rの3人が同額で、Sはそれより300円安く負担することにした場合、Sの負担金額はいくらになるか。

A 700円 **B** 750円 **C** 800円 **D** 850円
E 900円 **F** 950円 **G** 1000円 **H** 1050円

3日目 数 その1 順列・組み合わせ

公式を使おう！

Point 1!

全部で n 個の中から r 個を選ぶ組み合わせ

総数 (n) から1ずつ減らして選ぶ数 (r) だけ掛ける

$$_nC_r = \frac{n \times (n-1) \times (n-2) \cdots}{r \times (r-1) \times (r-2) \times \cdots 1}$$

選ぶ数 (r) から1ずつ減らして1まで掛ける

★全部で n 個の中から r 個を選び、選んだものに役割をつける場合の組み合わせ……これを順列という

$$_nP_r = n \times (n-1) \times (n-2) \times \cdots$$

総数 (n) から1ずつ減らして選ぶ数 (r) だけ掛ける

★全部で n 個あるもののすべてに役割をつける場合の組み合わせ……これを順列という

$$n! = n \times (n-1) \times (n-2) \times \cdots \times 1$$

例題 ▶ 基本を押さえておこう

1 あるバスケットボールチームで、12人の中から出場選手5人を決める。何通りの組み合わせがあるか。

2 あるバスケットボールチームで、12人の中から出場選手5人を決め、それぞれにC、PG、SG、SF、PFのポジションのいずれかを割り振る。何通りの組み合わせがあるか。

3 あるバスケットボールチームで、5人の役員が決まった。
この5人に会長、副会長、記録係、用具係、マネージャーの役職をつけたい。
考えられる組み合わせは何通りあるか。

解説

1 12人から5人を選ぶので、

$${}_{12}C_5 = \frac{12 \times (12-1) \times (12-2) \times (12-3) \times (12-4)}{5 \times 4 \times 3 \times 2 \times 1}$$

$$\frac{95040}{120} = 792$$

したがって、792通り。

2 12人から5人を選び、それぞれに役割をつけるので、
$${}_{12}P_5 = 12 \times (12-1) \times (12-2) \times (12-3) \times (12-4)$$
$$= 12 \times 11 \times 10 \times 9 \times 8 = 95040$$
したがって、95040通り。

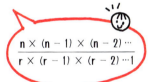

3 5人のすべてに役職をつけるので、
$$5! = 5 \times 4 \times 3 \times 2 \times 1 = 120$$
したがって、120通り。

Point 2!

条件 p と条件 q を
同時に満たす場合の数 r

r ＝ p × q

条件 p と条件 q の
いずれかを満たす場合の数 r

r ＝ p ＋ q

条件 p を満たさない場合の数 r

r ＝総数 － p

★求める場合の数が、1 つの条件だけで成り立つのか、2 つ
　揃ってはじめて成り立つのかを見極めること

例 題 ▶ 基本を押さえておこう

ある会社の人事部は、男性 6 人、女性 5 人が在籍している。この中か
ら 4 人が、就職説明会の担当となる。

1 男性 2 人、女性 2 人になる組み合わせは何通りか。

2 男性が 3 人以上になる場合は何通りか。

解説

1 男性は6人の中から2人を選ぶので、

$$_6C_2 = \frac{6 \times 5}{2 \times 1} = 15 \text{ 通り}$$

女性は5人の中から2人を選ぶので、

$$_5C_2 = \frac{5 \times 4}{2 \times 1} = 10 \text{ 通り}$$

これらの条件を同時に満たす場合は、$15 \times 10 = 150$ 通り。

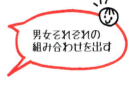

男女それぞれの組み合わせを出す

$r = p \times q$

2 まず、男性3人・女性1人になる場合を考える。
男性は6人の中から3人を選ぶので、

$$_6C_3 = \frac{6 \times 5 \times 4}{3 \times 2 \times 1} = 20 \text{ 通り}$$

女性は5人の中から1人を選ぶので、$_5C_1 = \frac{5}{1} = 5$ 通り。

これらの条件を同時に満たす場合は、$20 \times 5 = 100$ 通り。
したがって、100通りとなる。

次に、男性が4人になる場合を考える。
男性は6人の中から4人を選ぶので、

$$_6C_4 = \frac{6 \times 5 \times 4 \times 3}{4 \times 3 \times 2 \times 1} = 15 \text{ 通り}$$

女性は0人なので1通り。
これらの条件を同時に満たす場合は、
$15 \times 1 = 15$ 通り。

以上の2つは、それぞれ単独で求める条件
（男性が3人以上となる場合）を満たしている。
したがって、これらを足せばよい。
$100 + 15 = 115$ 通り。

「男3・女1」か「男4・女0」のどちらか

その1 ●●● 順列・組み合わせ

練習問題

▶ 解答・解説は別冊 21 〜 23 ページ

問題1

A、B、C、Dの4チームがサッカーで総あたり戦をする。このときの総試合数を求めなさい。

| A | 4 試合 | B | 5 試合 | C | 6 試合 | D | 8 試合 |
| E | 10 試合 | F | 12 試合 | G | 16 試合 | H | 24 試合 |

問題2

30人のクラスがある。この中から学級委員を3人選ぶとき、何通りの選び方があるか。

| A | 90 通り | B | 900 通り | C | 1248 通り | D | 2480 通り |
| E | 3090 通り | F | 4060 通り | G | 6300 通り | H | 9900 通り |

問題3 ▨

1から4までのカードがある。これらを使って4桁の数をつくるとき、何通りの数ができるか。ただし、同じカードを何回使ってもよいものとする。

A 4通り **B** 16通り **C** 24通り **D** 64通り
E 128通り **F** 172通り **G** 256通り **H** 312通り

問題4 ▨

0、1、2、3、4の5枚のカードがある。
これらを使って3桁の数をつくるとき、何通りの数ができるか。

A 15通り **B** 25通り **C** 36通り **D** 48通り
E 55通り **F** 72通り **G** 84通り **H** 100通り

問題5 ▨

1、2、2、3、4の5枚のカードがある。
これらを使って3桁の数をつくるとき、何通りの数ができるか。

A 16通り **B** 22通り **C** 33通り **D** 42通り
E 48通り **F** 66通り **G** 72通り **H** 80通り

3日目

数

① 順列・組み合わせ

A、B、C、D の 4 人の生徒がいる。このとき、以下の問いに答えなさい。

問題6

A、B、C、D を並べる方法は何通りか。

A　12通り　　B　16通り　　C　20通り　　D　24通り
E　28通り　　F　32通り　　G　36通り　　H　40通り

問題7

A、B、C、D を並べるとき、A と B が隣り合う並び方は何通りか。

A　8通り　　B　12通り　　C　15通り　　D　24通り
E　36通り　　F　42通り　　G　44通り　　H　56通り

問題8

A、B、C、D を並べるときに、A と B が隣り合わない並び方は何通りか。

A　4通り　　B　8通り　　C　9通り　　D　12通り
E　15通り　　F　16通り　　G　24通り　　H　36通り

から揚げ弁当3つ、ハンバーグ弁当1つ、焼魚弁当1つがある。
これらをP、Q、R、S、Tの5人に分ける。

問題9

Pがから揚げ弁当になる場合は何通りか。

| A | 4通り | B | 6通り | C | 8通り | D | 12通り |
| E | 15通り | F | 16通り | G | 20通り | H | 24通り |

問題10

S、Tともにから揚げ弁当でない場合は何通りか。

| A | 1通り | B | 2通り | C | 3通り | D | 4通り |
| E | 5通り | F | 6通り | G | 7通り | H | 8通り |

問題11

Qがハンバーグ弁当ではない場合は何通りか。

| A | 2通り | B | 4通り | C | 8通り | D | 16通り |
| E | 20通り | F | 24通り | G | 32通り | H | 48通り |

その2

3日目 数 確率

公式を使おう！

Point1!

すべての場合の数 n のうち、
特定の条件を満たす場合の数 r
が起こる確率

$$r \div n = \frac{r}{n}$$

※たとえば1つのサイコロを振って偶数 (2・4・6) が出る確率

$$3 \div 6 = \frac{3}{6} = \frac{1}{2}$$

★問題が求める「特定の条件」をきちんと把握すること

例題 ▶ 基本を押さえておこう

Pさんの本棚には小説10冊、歴史書6冊、経済書4冊の合わせて20冊がある。

1 これらの本の中から無作為に3冊を選んだとき、すべて小説である確率はいくらか。

2 これらの本の中から無作為に3冊を選んだとき、小説、歴史書、経済書が1冊ずつある確率はいくらか。

解 説

1 すべての場合の数は、「20冊から3冊を選ぶ場合の数」である。

したがって特定の条件を満たす場合の数は、

$$_{20}C_3 = \frac{20 \times 19 \times 18}{3 \times 2 \times 1} = \frac{6840}{6} = 1140 \text{ 通り}。$$

> 組み合わせ
> $_nC_r$ の公式を使う

特定の条件を満たす場合の数は、

「小説10冊から3冊を選ぶ場合の数」である。

したがって、特定の条件を満たす場合の数は、

$$_{10}C_3 = \frac{10 \times 9 \times 8}{3 \times 2 \times 1} = \frac{720}{6} = 120 \text{ 通り}。$$

以上のことから求める確率は、

> $\dfrac{\text{特定の条件}}{\text{すべての場合}}$

$$120 \div 1140 = \frac{120}{1140} = \frac{2}{19}$$

したがって、$\dfrac{2}{19}$ となる。

2 すべての場合の数は、前問の通り、1140通り。

特定の条件を満たす場合の数は、「小説10冊から1冊、歴史書6冊から1冊、経済書4冊から1冊選ぶ場合の数」である。

小説10冊から1冊を選ぶ場合の数は、$_{10}C_1 = 10$ 通り。
歴史書6冊から1冊を選ぶ場合の数は、$_6C_1 = 6$ 通り。
経済書4冊から1冊を選ぶ場合の数は、$_4C_1 = 4$ 通り。
したがって特定の条件を満たす場合の数は、
$10 \times 6 \times 4 = 240$ 通り。

> 条件P、Q、Rを同時に満たす
> 場合の数 r
> r = P × Q × R

以上のことから求める確率は、

$$240 \div 1140 = \frac{240}{1140} = \frac{4}{19}$$

したがって、$\dfrac{4}{19}$ となる。

Point 2!

確率 p と確率 q が同時に起きる確率 r

r = p × q

※たとえば1つのサイコロを2回振って1回目が1、2回目が2の確率

$$\frac{1}{6} \times \frac{1}{6} = \frac{1}{36}$$

確率 p と確率 q のいずれかを満たす確率 r

r = p + q

※たとえば1つのサイコロを振って、1か2の出る確率

$$\frac{1}{6} + \frac{1}{6} = \frac{2}{6} = \frac{1}{3}$$

確率 p が起こらない確率 r

r = 1 − p

※たとえば1つのサイコロを振って、1が出ない確率

$$1 - \frac{1}{6} = \frac{5}{6}$$

例題 ▶ 基本を押さえておこう

月曜日に雨が降る確率は $\frac{5}{9}$、火曜日に雨が降る確率は $\frac{3}{7}$ であることがわかっている。

1 月曜日も火曜日も雨が降る確率はいくらか。

2 月曜日か火曜日の一方だけ雨が降る確率はいくらか。

解説

1 同時に起きる確率は、掛け合わせる。

$\dfrac{5}{9} \times \dfrac{3}{7} = \dfrac{15}{63} = \dfrac{5}{21}$　したがって、$\dfrac{5}{21}$。

2 月曜日だけ降る場合、火曜日だけ降る場合に分けて考える。

・月曜日だけ降る場合

月曜日に降る確率は $\dfrac{5}{9}$。

火曜日に降らない確率は

$1 - \dfrac{3}{7} = \dfrac{4}{7}$。

したがって、$\dfrac{5}{9} \times \dfrac{4}{7} = \dfrac{20}{63}$。

・火曜日だけ降る場合

月曜日に降らない確率は $1 - \dfrac{5}{9} = \dfrac{4}{9}$。

火曜日に降る確率は $\dfrac{3}{7}$。

したがって、$\dfrac{4}{9} \times \dfrac{3}{7} = \dfrac{12}{63}$。

これらを足したものが答え。$\dfrac{20}{63} + \dfrac{12}{63} = \dfrac{32}{63}$

その2 ●●● 確率

練習問題

▶ 解答・解説は別冊 24 ～ 27 ページ

問題1

サイコロを2回振って、両方とも5が出ない確率を求めなさい。

- A $\dfrac{1}{3}$
- B $\dfrac{1}{6}$
- C $\dfrac{4}{15}$
- D $\dfrac{7}{25}$
- E $\dfrac{13}{36}$
- F $\dfrac{25}{36}$
- G $\dfrac{155}{216}$
- H $\dfrac{215}{216}$

問題2

大きさの違うサイコロA、Bを同時に振る。出た目の合計が7になる確率を求めなさい。

- A $\dfrac{1}{6}$
- B $\dfrac{1}{7}$
- C $\dfrac{1}{14}$
- D $\dfrac{7}{25}$
- E $\dfrac{7}{36}$
- F $\dfrac{11}{36}$
- G $\dfrac{6}{49}$
- H $\dfrac{7}{216}$

0、1、2、3、4の5枚のカードから順番に2枚引いて、2桁の整数をつくる。

問題3

つくった数が偶数である確率を求めなさい。

A $\dfrac{1}{2}$　　B $\dfrac{1}{3}$　　C $\dfrac{4}{7}$

D $\dfrac{5}{8}$　　E $\dfrac{9}{10}$　　F $\dfrac{3}{16}$

G $\dfrac{5}{16}$　　H $\dfrac{7}{32}$

問題4

つくった数が3の倍数である確率を求めなさい。

A $\dfrac{1}{3}$　　B $\dfrac{3}{4}$　　C $\dfrac{4}{7}$

D $\dfrac{5}{9}$　　E $\dfrac{9}{13}$　　F $\dfrac{3}{16}$

G $\dfrac{5}{16}$　　H $\dfrac{7}{32}$

赤玉が3個、白玉が2個、箱の中に入っている。

問題5

玉を1つ取り出したとき、それが赤玉である確率を求めなさい。

A $\dfrac{1}{2}$　　B $\dfrac{1}{3}$　　C $\dfrac{3}{5}$　　D $\dfrac{4}{5}$
E $\dfrac{5}{9}$　　F $\dfrac{4}{11}$　　G $\dfrac{5}{16}$　　H $\dfrac{2}{21}$

問題6

玉を1つずつ順番に2つ取り出したとき、どちらも白玉である確率を求めなさい。

A $\dfrac{1}{2}$　　B $\dfrac{1}{4}$　　C $\dfrac{3}{5}$　　D $\dfrac{4}{7}$
E $\dfrac{1}{10}$　　F $\dfrac{4}{11}$　　G $\dfrac{5}{16}$　　H $\dfrac{2}{21}$

問題7

玉を1つずつ順番に3つ取り出したとき、白玉が1つ以上入っている確率を求めなさい。

A $\dfrac{1}{2}$　　B $\dfrac{1}{3}$　　C $\dfrac{3}{5}$　　D $\dfrac{4}{7}$
E $\dfrac{5}{9}$　　F $\dfrac{9}{10}$　　G $\dfrac{7}{15}$　　H $\dfrac{2}{17}$

くじが5本あり、そのうち当たりくじは2本である。P、Q、Rの3人が、この順でくじを引く。ただし、一度引いたくじは戻さない。

問題8

Pが当たりくじを引く確率はいくらか。

A $\dfrac{1}{3}$　　B $\dfrac{1}{6}$　　C $\dfrac{2}{5}$　　D $\dfrac{4}{5}$

E $\dfrac{4}{9}$　　F $\dfrac{5}{11}$　　G $\dfrac{5}{13}$　　H $\dfrac{4}{21}$

問題9

Qが当たりくじを引く確率はいくらか。

A $\dfrac{1}{4}$　　B $\dfrac{1}{5}$　　C $\dfrac{2}{5}$　　D $\dfrac{4}{7}$

E $\dfrac{7}{9}$　　F $\dfrac{9}{14}$　　G $\dfrac{7}{15}$　　H $\dfrac{2}{23}$

3日目 その3 割合と比

Point!

総量 × 割合 = 個数
全体に占める割合 × 部分に占める割合
＝全体に占める第二細分の割合

★パーセントは分数でも表せる。$20\% = \frac{20}{100} = \frac{1}{5}$

★分数の計算が主になるので、計算ミスに注意

例題 ▶ 基本を押さえておこう

1 1540 の 75% はいくらか。

2 ある会社の売上は 320 億円で、うち海外での売上が 40% を占めている。また、海外のうちアジアが 25% を占めている。
このとき、アジアでの売上が全体の売上に占める割合はいくらか。また、金額に直すといくらか。

3 ある会社の横浜支店の従業員数は大阪支店の $\frac{5}{9}$ であり、名古屋支店の $\frac{8}{3}$ である。名古屋支店の従業員数は、大阪支店の何倍か。

解説

1 総量×割合＝個数より、$1540 \times \dfrac{3}{4} = 1155$。

2 割合を掛け合わせれば、全体の中での割合が算出できる。

$\dfrac{40}{100} \times \dfrac{25}{100} = \dfrac{10}{100} = 10\%$

したがって、売上全体に占めるアジアの割合は 10%。

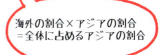

全体での売上が 320 億円なので、金額に直すと、
320 億円 $\times \dfrac{10}{100} = 32$ 億円。

3 横浜支店を Y、大阪支店を O、名古屋支店を N とする。

まず、$Y = \dfrac{5}{9} O$ である。

また、$Y = \dfrac{8}{3} N$ でもある。

したがって、$\dfrac{5}{9} O = \dfrac{8}{3} N$ が成り立つ。

N について解くと、

$N = \dfrac{5}{9} O \times \dfrac{3}{8} = \dfrac{15}{72} O = \dfrac{5}{24} O$

したがって、名古屋支店の従業員数は、

大阪支店の $\dfrac{5}{24}$ 倍である。

その3　割合と比

練習問題

▶ 解答・解説は別冊 28〜30 ページ

問題1

A市、B市、C市の人口を比較すると、A市の $\frac{1}{3}$ とB市の $\frac{2}{5}$ が等しく、C市はA市の $\frac{7}{6}$ で、35000人だった。B市の人口は何人か。

| A | 20000人 | B | 24000人 | C | 25000人 | D | 26000人 |
| E | 28000人 | F | 30000人 | G | 32000人 | H | 33000人 |

問題2

Pさんのクラスで、8人が欠席した。男子生徒の欠席率は20%、女子生徒の欠席率は30%だった。また、男子生徒の数は25人である。クラスの人数は何人か。

| A | 32人 | B | 35人 | C | 36人 | D | 38人 |
| E | 40人 | F | 42人 | G | 44人 | H | 45人 |

問題3

ある学校の生徒数は、昨年全員で320人であった。今年は男子生徒が20%増え、女子生徒が30%減ったので、全体として6人減った。今年の女子生徒は何人か。

| A | 98人 | B | 120人 | C | 158人 | D | 162人 |
| E | 175人 | F | 184人 | G | 208人 | H | 220人 |

問題4

A国、B国、C国の自動車生産台数を比べると、A国の $\frac{1}{2}$ がB国の $\frac{4}{7}$ と等しく、B国の $\frac{2}{3}$ がC国の $\frac{1}{4}$ と等しい。
C国の生産台数は、A国の生産台数の何倍か。

A $\frac{5}{7}$　　B $\frac{7}{2}$　　C $\frac{9}{10}$　　D $\frac{13}{8}$

E $\frac{15}{11}$　　F $\frac{18}{5}$　　G $\frac{24}{7}$　　H $\frac{7}{3}$

問題5

Pさん、Qさん、Rさんのおこづかいを比べると、Pさんの $\frac{1}{2}$、Qさんの $\frac{3}{4}$、Rさんの $\frac{5}{8}$ が同じであった。おこづかいの最も多い人は、最も少ない人の何倍か。

A $\frac{3}{2}$ 倍　　B $\frac{5}{2}$ 倍　　C $\frac{5}{3}$ 倍　　D $\frac{7}{3}$ 倍

E $\frac{8}{3}$ 倍　　F $\frac{6}{5}$ 倍　　G $\frac{7}{5}$ 倍　　H $\frac{9}{5}$ 倍

生徒数400人の小学校があり、このうち徒歩で通学する生徒は70%である。これについて以下の問いに答えなさい。

問題6

徒歩で通学する生徒のうち、30%が女子生徒であった。徒歩で通学する女子生徒は何人か。

A 56人　　B 60人　　C 64人　　D 72人
E 75人　　F 84人　　G 88人　　H 90人

問題7

この学校に50人が転校して来て、徒歩で通学する生徒を数え直したところ、全体の72%となった。
転校生のうち、徒歩で通学するのは何人か。

A 40人　　B 44人　　C 45人　　D 48人
E 50人　　F 52人　　G 55人　　H 60人

ある工場の従業員は 500 人であり、このうちの 60％は正社員、残りの 40％はアルバイトである。これについて以下の問いに答えなさい。

問題8 ☑

アルバイトのうち 75％が学生であった。学生の数は何人か。

A	85 人	B	88 人	C	90 人	D	100 人
E	120 人	F	125 人	G	140 人	H	150 人

問題9 ☑

新規雇用で正社員を 100 人増やした。このとき、従業員のうち正社員の占める割合はいくらか。

A	$\dfrac{1}{2}$	B	$\dfrac{2}{3}$	C	$\dfrac{2}{5}$	D	$\dfrac{3}{5}$
E	$\dfrac{4}{5}$	F	$\dfrac{5}{6}$	G	$\dfrac{5}{8}$	H	$\dfrac{7}{8}$

問題10 ☑

前問の状況を踏まえ、アルバイトの人数が正社員の $\dfrac{3}{4}$ になるように、新たにアルバイトを募集したい。
必要なアルバイトの数は何人か。

A	50 人	B	70 人	C	75 人	D	80 人
E	100 人	F	120 人	G	150 人	H	180 人

3日目 数 ③ 割合と比

4日目 表 その1 集合

Point!
問題文から、考えられるパターンをすべて書き出す

★あとはすべて簡単な方程式で解ける

★すべてのパターンの数値を確定させる必要はない
（答えに必要な数値だけ出せばよい）

★頭の中でベン図のイメージを描いて、解けるようになれば速い

例題 ▶ 基本を押さえておこう

1 ある大学では3年次に留学・インターンシップの両方のプログラムがあり、希望者はどちらか一方、もしくは両方に参加できる。2年生121人にこれらの希望調査を行ったところ、次のような結果を得た。

留学希望は76人である。
どちらも希望しているのは45人である。
どちらも希望していないのは23人である。

インターンシップを希望しているのは何人か。

解説

1 下のような図（ベン図）で考える。a～dのフィールドは下記のように定義する。

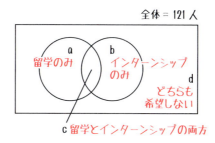

a　留学のみを希望する
b　インターンシップのみを希望する
c　留学とインターンシップの両方を希望する
d　どちらも希望しない

このとき、留学を希望するのはa＋cである。
問題文より、a＋c＝76
また、d＝23である。

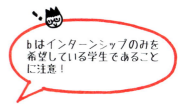

aのみでないことに注意！

さらに、学生は121人なので、
a＋b＋c＋d＝121
すなわち、(a＋c)＋b＋d＝121
これに上記2つの数字を
代入すると、76＋b＋23＝121、b＝22

bはインターンシップのみを希望している学生であることに注意！

インターンシップを希望しているのはb＋cであり、
問題文よりc＝45なので、22＋45＝67。
したがって、67人。

その1 集合

練習問題

▶ 解答・解説は別冊 31〜35 ページ

問題1

学生100人にパソコンとスマートフォンの所持についてのアンケートをとった。パソコンを持っていると答えた学生は80人、スマートフォンを持っていると答えた学生は95人、どちらも持っていない学生は4人であった。
このときパソコンとスマートフォンのどちらも持っている学生は何人か。

| A | 23人 | B | 32人 | C | 45人 | D | 55人 |
| E | 64人 | F | 67人 | G | 79人 | H | 88人 |

問題2

150人に北海道、沖縄のそれぞれに行ったことがあるか、アンケートをとった。アンケートの結果、北海道に行ったことのある人は85人、沖縄に行ったことのある人は110人、どちらにも行ったことがない人は30人であった。
北海道、沖縄の両方に行ったことのある人は何人か。

| A | 14人 | B | 23人 | C | 34人 | D | 45人 |
| E | 57人 | F | 75人 | G | 84人 | H | 95人 |

学生 100 人にラーメンと寿司の好みについてアンケートをとった。
ラーメンが好きな学生は全体の $\frac{16}{25}$ 、どちらも好きではない学生
は $\frac{8}{25}$ 、どちらも好きな学生は 24 人であった。

このとき、以下の問いに答えなさい。

問題3 ☑

ラーメンは好きだが寿司は好きではない学生は何人か。

A 11 人	**B** 20 人	**C** 25 人	**D** 28 人
E 30 人	**F** 32 人	**G** 35 人	**H** 40 人

問題4 ☑

寿司が好きな学生は何人か。

A 28 人	**B** 37 人	**C** 42 人	**D** 44 人
E 50 人	**F** 52 人	**G** 55 人	**H** 60 人

4日目

表

① 集合

ある小学校の6年A組40人の生徒に、国語と算数のテストを行ったところ、国語が75点以上の生徒は全体の $\frac{13}{20}$、算数が75点以上の生徒は全体の $\frac{2}{5}$、国語と算数のどちらも75点以上の生徒は全体の $\frac{1}{10}$ だった。このとき、以下の問いに答えなさい。

問題5 📝

国語と算数のどちらも75点未満の生徒は何人か。

A	2人	B	5人	C	7人	D	11人
E	18人	F	23人	G	34人	H	42人

問題6 📝

国語だけが75点以上の生徒は何人か。

A	13人	B	22人	C	24人	D	35人
E	46人	F	50人	G	57人	H	64人

問題7 📝

同じテストを6年B組の40人にも実施したところ、国語も算数も75点未満の生徒は、A組・B組合計80人のうちの $\frac{3}{20}$ となった。

B組の生徒のうち、国語または数学の少なくともどちらかで75点以上の生徒は何人か。

A	24人	B	30人	C	48人	D	54人
E	60人	F	66人	G	72人	H	90人

ある国の大統領選挙で、P・Qの2人が立候補している。新聞社がこの2人について400人の市民に世論調査を行ったところ、次のような結果を得た。

		よい	よくない
P	政策	243	157
	人柄	345	55
Q	政策	332	68
	人柄	119	281

問題8 ☑

Pについて、政策はよいが人柄はよくないと答えたのは36人だった。政策も人柄もよいと答えたのは何人か。

A	55人	B	74人	C	83人	D	134人
E	166人	F	192人	G	207人	H	254人

問題9 ☑

Qについて、政策はよくないが人柄はよいと答えたのは40人だった。政策も人柄もよいと答えたのは何人か。

A	41人	B	79人	C	105人	D	142人
E	188人	F	204人	G	223人	H	247人

4日目 表 その2 表計算・資料解釈

Point！
全体と個別の関係を正しくつかむ

★タテ軸、ヨコ軸がそれぞれ何を示しているのか正しく理解する

★百分率や指数が、それぞれ何の数値を表しているのか考える

★細かい計算が多いのでミスに注意

例題 ▶ 基本を押さえておこう

次の表は、ある駅の売店における1日の新聞販売数の内訳である。

	単価	販売数	売上金額
一般新聞	120円	35	4200円
スポーツ新聞	140円	ア	7560円
経済新聞	170円	26	イ

1 アに入る数値はいくらか。

2 イに入る数値はいくらか。

3 全体の売上金額におけるスポーツ新聞が占める割合はいくらか。百分率で小数点以下を四捨五入して答えなさい。

解　説

1 単価 140 円で 7560 円売上げているので、
販売数は、
7560 ÷ 140 = 54
したがって、
54 となる。

> 売上金額÷単価＝販売数

2 単価 170 円で 26 部売上げているので、
売上金額は、
170 × 26 = 4420 円。
したがって、
4420 となる。

> 単価×販売数＝売上金額

3 全体の売上金額は、
4200 + 7560 + 4420 = 16180 円。
スポーツ新聞の売上は 7560 円なので、
7560 ÷ 16180 = 0.4672... ≒ 47%。
したがって、47% となる。

> スポーツ新聞の売上金額÷全体の売上金額

ちなみに、すべてをまとめると、次の通り。

	単価	販売数	売上金額	全体に占める売上金額の割合
一般新聞	120 円	35	4200 円	約 26%
スポーツ新聞	140 円	54	7560 円	約 47%
経済新聞	170 円	26	4420 円	約 27%
合計		115	16180 円	100%

その2 ●●● 表計算・資料解釈

練習問題

▶ 解答・解説は別冊 36 〜 39 ページ

次の表は、あるカフェでの1日の注文数をまとめたものである。

	午前	午後	夜間	合計
ドリンクのみ	60	160	110	330
トーストセット	90	30		130
パスタセット	20	60	40	120
カレーセット	10		80	140
合計	180		240	

問題1

次のア〜オのうち、正しいものの組み合わせを選びなさい。

ア　夜間の注文数が最も少なかったのはパスタセットである
イ　1日の注文数が最も多い時間帯は午後である
ウ　ドリンクのみの注文数は、全体の注文数の過半数を占めている
エ　カレーセットの注文数は午後が最も多い
オ　午後の注文数は、ドリンクのみが過半数を占めている

A　ア・イ　　B　ア・ウ　　C　ア・エ　　D　ア・オ
E　イ・ウ　　F　イ・エ　　G　イ・オ　　H　ウ・エ
I　ウ・オ　　J　エ・オ

次の表は、ある高速道路の木曜日から日曜日までの車種別の通行台数をまとめたものである。

（単位・万台）

	木曜日	金曜日	土曜日	日曜日	合計
軽自動車		1.8	4.6		14.2
乗用車	3.7		8.5	7.4	
トラック	3.6	5.4	1.2	1.1	11.3
合計					48.7

さらに補足すると、
金曜日は、乗用車数が軽自動車の2倍だった。
土曜日は、日曜日より合計台数が5000台多かった。

問題2 ☑

日曜日の軽自動車の通行台数は何台か。

A 4.7万台   **B** 5.0万台   **C** 5.3万台   **D** 5.6万台
E 5.8万台   **F** 6.0万台   **G** 6.3万台   **H** 6.5万台

問題3 ☑

金曜日の通行台数の合計は、4日間の合計のうち何％か。最も近いものを選びなさい。

A 20%   **B** 22%   **C** 24%   **D** 26%
E 28%   **F** 30%   **G** 32%   **H** 34%

あるクラスの生徒40人を対象に50点満点の国語と算数のテストを行った。次の表は、得点の組み合わせで分けた人数を表したものである。

算数＼国語	0~9点	10~19点	20~29点	30~39点	40~50点
0~9点		2		1	1
10~19点	1	1	3		
20~29点		4	2	5	3
30~39点	3	1	3	2	2
40~50点		4	2		

問題4 ☑

国語と算数の少なくとも一方の得点が9点以下の生徒は何人か。

A 5人	B 6人	C 7人	D 8人
E 9人	F 10人	G 11人	H 12人

問題5 ☑

国語と算数の合計点が50点以上だったのは、最も多い場合で何人か。

A 21人	B 22人	C 23人	D 24人
E 25人	F 26人	G 27人	H 28人

問題6 ☑

どちらか一方でも25点未満だった生徒は追試がある。
このとき、1科目だけ追試を受けるのは、最も多い場合で何人か。

A 23人	B 25人	C 27人	D 29人
E 31人	F 32人	G 35人	H 37人

次の表は、ある会社の最近3年間の入社・退社の社員数をまとめたものである。

		3年前	2年前	1年前
入社	新卒	56	42	65
	中途	32		50
入社合計				
退社	定年	ア	33	36
	中途	41	28	88
	その他	5	2	3
退社合計			63	
増減		＋17	－6	

問題7

表中のアに入る数字はいくらか。

A　9　　　　B　13　　　　C　15　　　　D　19
E　22　　　F　25　　　　G　30　　　　H　33

問題8

2年前から1年前にかけて、中途入社の数は何倍になったか。

A　$\frac{2}{3}$ 倍　　B　2倍　　C　$\frac{8}{5}$ 倍　　D　3倍

E　$\frac{10}{3}$ 倍　　F　$\frac{10}{7}$ 倍　　G　4倍　　H　$\frac{9}{4}$ 倍

4日目 表 その3 長文の読み取り計算

Point!
文章中の数値を抜き出し、関係性をつかむ

★他の数値に関係するものなのか、そうでないのかを見極める
★問題に必要な数値をいかに早く見つけ出せるかがポイント
★必ずしも長文にある数値だけで解けるとは限らない

例題 ▶ 基本を押さえておこう

1 今年の4月から6月までのある高速道路の利用台数がまとまった。
上り線は、4月が最も多くて12万台だった。5月は4月に対して12%減、6月は5月よりさらに760台減った。
下り線は、5月が4月より8%減ったものの、6月は5月より10%増えて151800台だった。

4月から6月までの3か月間で、この高速道路の利用台数は、上り線と下り線のどちらがどれだけ多いか。

解説

1 上り線は、4月が120000台。
5月は4月より12%減ったので、

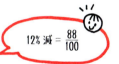

$120000 \times \dfrac{88}{100} = 105600$ 台。……5月の利用台数

6月は5月より760台減ったので、
105600 台 $- 760$ 台 $= 104840$ 台。……6月の利用台数

以上を足すと、
120000 台 $+ 105600$ 台 $+ 104840$ 台 $= 330440$ 台。……上り計

下り線は、6月が151800台。
これは5月よりも10%多いので、
5月を x とすると、

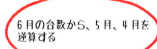

$x \times \dfrac{110}{100} = 151800$

$\dfrac{110}{100}x = 151800 \quad x = 151800 \times \dfrac{100}{110}$

これを解くと、$x = 138000$ 台。……5月の利用台数
5月は4月より8%少ないので、4月を y とすると、

$y \times \dfrac{92}{100} = 138000$

$\dfrac{92}{100}y = 138000 \quad y = 138000 \times \dfrac{100}{92}$

これを解くと、$y = 150000$ 台。……4月の利用台数
以上を足すと、
151800 台 $+ 138000$ 台 $+ 150000$ 台 $= 439800$ 台。……下り計

両者を比べると、439800 台 $- 330440$ 台 $= 109360$ 台。

下り線のほうが109360台多かった。

その3 長文の読み取り計算

練習問題

▶ 解答・解説は別冊 40 〜 41 ページ

次の文章は、あるファストフード会社の決算報告の一部である。

当社の 2015 年度の業績は、売上高が前年比 20% 増加し、102 億円に達しました。これは、販売拠点の数が 2014 年度における 120 店から 138 店へと増加したことが主な要因と考えられます。とはいえ、新店舗の開店にかかる経費、アルバイト店員の採用活動にかかる経費が増加したことなどから、営業利益は予測したほどには伸びず、2014 年度と同額の 6 億円にとどまりました。

問題 1

売上高のうち営業利益が占める割合を「営業利益率」という。2014 年度の営業利益率はいくらか。最も近いものを選びなさい。

| A | 6.8% | B | 7.1% | C | 8.5% | D | 9.3% |
| E | 10.5% | F | 11.1% | G | 12.4% | H | 12.8% |

問題2 ✓

次のア・イに関する記述について、正しいものを選びなさい。

ア　1店舗あたりの売上高は、2015年度のほうが大きい
イ　2015年度のアルバイト店員の数は、2014年度より20%以上
　　増えた

A　アもイも正しい
B　アは正しいが、イは誤り
C　アは正しいが、イはどちらともいえない
D　アもイも誤り
E　アは誤りだが、イは正しい
F　アは誤りだが、イはどちらともいえない
G　アもイもどちらともいえない
H　アはどちらともいえないが、イは正しい
I　アはどちらともいえないが、イは誤り

次の文章を読んで、あとの問題に答えなさい。

途上国ではしばしば、人口の急激な増加に社会システムが追いつかないという事態が発生する。医療や公衆衛生の普及、栄養状態の改善などによって死亡率（特に若年死亡率）が減少し、人口が急激に増えることは、途上国ではよくあることである。しかし、それを受け入れるだけの準備が、社会システムにできていないことがままある。

ある年のコメの国別生産高をみると、P国が1億5400万トンでトップ、Q国が9900万トンで2位、R国が8200万トンで3位であり、これら3か国で全世界の生産高の70%を占めている。

しかし問題なのは、需要と供給のバランスである。

P国は生産高も多いが、人口も多いため需要も桁外れに大きい。この年の国内需要は1億6600万トンに達した。

Q国も、生産高より国内需要のほうが2200万トンも上回っている。

一方で、R国の国内需要は6000万トンである。

コメは品種改良や灌漑設備の普及などによって、途上国でも生産高が著しく上昇した。しかし、人口増加のペースはそれをはるかに上回っている。人口が増えるより、コメの生産高を増やすほうが後手に回っているのが実情だ。

問題3

この年の世界のコメ生産高はいくらか。最も近いものを選びなさい。

- **A** 3億5000万トン
- **B** 3億8000万トン
- **C** 4億2000万トン
- **D** 4億5000万トン
- **E** 4億8000万トン
- **F** 5億2000万トン
- **G** 5億5000万トン
- **H** 5億9000万トン

問題4 ☑

次のア～エの記述のうち、正しいものの組み合わせを選びなさい。

ア　P・Qの2か国の合計生産高で、両国内の合計需要はまかなえる
イ　P・Rの2か国の合計生産高で、両国内の合計需要はまかなえる
ウ　Q・Rの2か国の合計生産高で、両国内の合計需要はまかなえる
エ　P・Q・Rの3か国の合計生産高で、これらの3か国内の合計
　　需要はまかなえる

A　ア・イ	**B**　ア・ウ	**C**　ア・エ
D　イ・ウ	**E**　イ・エ	**F**　ウ・エ
G　ア・イ・ウ	**H**　ア・イ・エ	**I**　ア・ウ・エ
J　イ・ウ・エ		

5日目 推論1 その1 論理

Point!
「含まれる」という関係を見つけ出す！

★AがBに含まれる場合、Aが正しければBも正しい
★反例（AにあってBにないもの）があれば正しくない

例題 ▶ 基本を押さえておこう

A　これはチワワである
B　これは犬である

これら2つの文は、Aが正しければBは必ず正しい（「これ」がチワワであれば、「これ」は犬である、といえる）。
しかし、Bが正しくてもAは必ず正しい、とはいえない（「これ」が犬であっても、「これ」はチワワである、とはいえない。柴犬やブルドッグの可能性もある）。
次の2文について、これと同様の関係にあるかどうかを判定しなさい。AとBの順番も考慮すること。

1　A　これは墨汁である
　　　B　これは黒い液体である

2　A　これは偶数である
　　　B　これは8の倍数である

3　A　これは大晦日である
　　　B　これは1月1日の前日である

解 説

墨汁⊂黒い液体の関係

1 同様の関係であるといえる。
墨汁は黒い液体なので、Aが正しければ（これが墨汁であれば）Bが正しい（これは黒い液体である）といえる。

逆に、Bが正しくても（これが黒い液体であっても）Aが必ずしも正しい（これは墨汁である）とはいえない。黒い液体はしょうゆなど、ほかにもある。

2 同様の関係であるといえない。
8の倍数は常に偶数である
（8・16・24・32……）。

偶数⊃8の倍数の関係

したがって、Bが正しければ（これが8の倍数であれば）Aが正しい（これは偶数である）とはいえる。

逆に、Aが正しくても（これが偶数であっても）Bが必ずしも正しい（これは8の倍数である）とはいえない。2・4・6・10・12など、8の倍数ではない偶数はいろいろある。
したがって、これらは同様の関係であるとはいえない。

3 同様の関係であるといえない。
大晦日とは12月31日のことで、1月1日の前日である。
したがって、Aが正しければ（これが大晦日であれば）Bが正しい（これは1月1日の前日である）といえる。

また、Bが正しければ（これが1月1日の前日であれば）Aが正しい（これは大晦日である）ともいえる。
このように、どちらもいえる場合は条件を満たしていない。

その1 論理
練習問題

▶ 解答・解説は別冊 42〜44 ページ

1、2、3、4、5、6 の 6 つの整数から 1 つを選んだ。

問題1

次のア〜ウの記述について、これらの論理的関係について正しいものを選びなさい（1 つとは限らない）。

ア　選んだ数は 2 より大きい　　　イ　選んだ数は奇数である
ウ　選んだ数は 3 の倍数である

- A　アが正しければイは必ず正しい
- B　アが正しければウは必ず正しい
- C　イが正しければアは必ず正しい
- D　イが正しければウは必ず正しい
- E　ウが正しければアは必ず正しい
- F　ウが正しければイは必ず正しい

問題2

次のア〜ウの記述について、これらの論理関係について正しいものを選びなさい（1 つとは限らない）。

ア　選んだ数は 5 より小さい偶数である
イ　選んだ数は偶数である　　　　ウ　選んだ数は 4 である

- A　アが正しければイは必ず正しい
- B　アが正しければウは必ず正しい
- C　イが正しければアは必ず正しい
- D　イが正しければウは必ず正しい
- E　ウが正しければアは必ず正しい
- F　ウが正しければイは必ず正しい

ある会合に、議員、弁護士、官僚が合わせて11人集まった。なお、どの職業の人も少なくとも2人はいる。

問題3 ☐

議員の数は弁護士のちょうど半分だった。このとき、次のア、イ、ウの記述のうち、必ず正しいものだけをあげた組み合わせを選びなさい。

ア　弁護士は官僚より少ない
イ　議員は官僚より少ない
ウ　官僚は、議員と弁護士の合計より少ない

A　アのみ　　　**B**　イのみ　　　**C**　ウのみ　　　**D**　ア・イ
E　ア・ウ　　　**F**　イ・ウ　　　**G**　ア・イ・ウ

問題4 ☐

どの職業も6人未満であることがわかった。このとき、次のア、イ、ウの記述のうち、正しい可能性のあるものをあげた組み合わせを選びなさい。ただし、本問は前問とは無関係である。

ア　最も多い職業と少ない職業の差は3人である
イ　議員と弁護士の数は同じである
ウ　弁護士と官僚の数を足すと、議員の数と等しくなる

A　アのみ　　　**B**　イのみ　　　**C**　ウのみ　　　**D**　ア・イ
E　ア・ウ　　　**F**　イ・ウ　　　**G**　ア・イ・ウ

5日目

推論1

① 論理

99

5日目 推論1　その2　順位

Point! じっくり読み解こう！
わかりやすい条件から探る

★ まずは、条件そのものから「決定できること」と「できないこと」をきちんと分ける
★ 決定できないことは、場合分けして条件と矛盾しないか検証する
★ 1つずつ、図に示していってもよい

例題 ▶ 基本を押さえておこう

1 P～Tの5人が徒競走をした。その結果、次のことがわかっている。

　ア　TはSのすぐあとにゴールした
　イ　RもSも4位ではない
　ウ　PはRより速く、QはRより遅かった

全員の順位を決定しなさい。

解説

1 条件アより、S－Tという順位が確定する。
条件ウより、P－R－Qという順位も確定する。

条件ア～ウの中で最も多く登場しているRの順位を想定する。
このとき、Rは1位だと、条件ウ（PはRより速い）と矛盾する。
5位でも条件ウ（QはRより遅い）と矛盾する。
4位だと条件イ（RもSも4位ではない）と矛盾する。
したがって、Rは2位か3位である。

Rが2位の場合、3位の場合で、それぞれの順位を検証する。
　　……場合分け
Rが2位だとすると、1位はPで決まり。
Qが3位だと、条件アよりSが4位になるため、条件イ（RもSも4位ではない）と矛盾する。
したがって、Qが5位。
すなわち、
P－R－S－T－Qという順位となる。

Rが3位だとすると、S－Tの順位が決められないため誤り。
　　……STは1位2位（ウに矛盾）か4位5位（イに矛盾）になる

したがって、考えられる可能性はP－R－S－T－Qのみとなる。

その2 ●●●● 順位

練習問題

▶ 解答・解説は別冊 45 〜 48 ページ

問題1

P 〜 U の 6 人でテストの点数を競った。その結果、各々が次のように
発言している。

P 「私は Q と順位が 1 つ違いだった」
Q 「私は S より点数が悪かった」
R 「私は Q の次の順位だった」
S 「私は最下位ではなかった」
T 「私は 1 位だった」
U 「私は P より点数が悪かった」

5 位だったのは誰か。

A P 　　　　 B Q 　　　　 C R 　　　　 D S
E T 　　　　 F U 　　　　 G 決定できない

問題2

P～Uの6人で100メートル走をした。結果については次のことがわかっている。

PはSに負けたが、Qには勝った
UはTに勝ったが、Pには負けた
QはUに勝った
RはTに負けた

4位だったのは誰か。

A P　　　　**B** Q　　　　**C** R　　　　**D** S
E T　　　　**F** U

問題3

P～Sの4人があるテストを受けて、その結果を話し合っている。

P 「私は1番ではない」
Q 「私の得点は56点だった」
R 「私の得点はQの2倍より32点低かった」
S 「私の順位はPの次で、得点はPより8点低かった」

なお、QとRの得点の合計は、PとSの得点の合計に等しい。3位だったのは誰で、何点か。

A P、62点　　**B** P、70点　　**C** Q、56点　　**D** R、74点
E R、80点　　**F** S、64点　　**G** S、68点

問題4 ☑

P〜Uの6人がマラソンをした。このとき、次のことがわかっている。

PはSより先にゴールした
QはRより先にゴールしたが、1位ではなかった
QはTより2つ順位が上だった
Sの1人あとはUだった
Pの2人あとはRだった

次のア〜ウの記述のうち、正しいものをすべてあげた組み合わせを選びなさい。

ア　Qは2位だった
イ　Sは4位だった
ウ　Uは最下位だった

A アのみ　　　**B** イのみ　　　**C** ウのみ　　　**D** ア・イ
E ア・ウ　　　**F** イ・ウ　　　**G** ア・イ・ウ

104

水泳部に属するP〜Uの6人の選手が、午前と午後で競泳をした。このとき、次のことがわかっている。

Pは午前も午後も同じ順位だった
Qは午後のレースで午前より1つ順位を下げた
Rは午後のレースで午前より2つ順位を上げた
Sは午後のレースで午前より1つ順位を下げた
Uは午後のレースで午前より4つ順位を下げた
午後のレースで1位になったのはRで、最下位になったのはQだった

問題5

Tは午前のレースで何位だったか。

A 1位	**B** 2位	**C** 3位	**D** 4位
E 5位	**F** 6位	**G** 決定できない	

問題6

午前のレースで4位だったのは誰か。

A P	**B** Q	**C** R	**D** S
E T	**F** U	**G** 決定できない	

5日目 推論1 その3 位置関係

Point!
必ず図を描くこと

★ わかる条件を1つずつ書き込んでいく
★ 条件を書き込んだ後は場合分けをする
★ 結果から、すべての位置がわかるとは限らない

例題 ▶ 基本を押さえておこう

1 ある学校の3階の配置は次の通りである。これらの部屋にP〜Sの4人が1人ずついる。

理科室	調理室	図書室	職員室

このとき、次のことがわかっている。

a　PもSも理科室にはいない
b　Pは図書室にはいない
c　QとSは1つ部屋を挟んだところにいる
d　Rは端の部屋にいる

全員の居場所を決定しなさい。

解説

1 条件a～dを見て、ざっとわかることを書き込んでいく。

	理科室	調理室	図書室	職員室
P	×		×		→ 条件a、bより
Q				
R		×	×		→ 条件dより
S	×				→ 条件aより

条件dより、Rは理科室か職員室にいる。これで場合分けする。

・Rが理科室の場合

条件cより、Q・Sは調理室・職員室か、職員室・調理室になる。このときPが図書室になるため、条件bと矛盾する。
したがって、Rは理科室ではない。

> 条件b：Pは図書室にはいない

・Rが職員室の場合

条件cより、Q・Sは理科室・図書室か、図書室・理科室になる。
条件aより、Q理科室、S図書室で確定。残ったPは調理室で決定。

> 条件a：PもSも理科室にはいない

よって、次の通り決定する。

	理科室	調理室	図書室	職員室
P	×	○	×	×
Q	○	×	×	×
R	×	×	×	○
S	×	×	○	×

5日目 推論1 ③位置関係

その3 位置関係 練習問題

▶ 解答・解説は別冊 49 〜 51 ページ

P〜Uの6人が円卓に着席した。このとき、次の①〜④がわかっている。

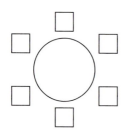

① PとTは隣り合っていない
② PとUは隣り合っていない
③ Rの右隣はUである
④ SとQは隣り合っている
※ただし右隣、左隣は本人を起点とする。

問題1

Rの左隣は誰か。

A P　　　　B Q　　　　C R　　　　D S
E T　　　　F U　　　　G 決定できない

問題2

次の記述のうち、正しい可能性があるものをすべてあげた組み合わせを選びなさい。

ア　Uの向かいはQである
イ　PとSは隣り合っている
ウ　Rの向かいはTである

A アのみ　　B イのみ　　C ウのみ　　D ア・イ
E ア・ウ　　F イ・ウ　　G ア・イ・ウ

ある商店街には、花屋・酒屋・八百屋・雑貨屋・弁当屋・精肉店の6軒が次のような場所に並んでいる。

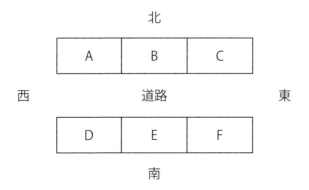

a　花屋と精肉店は隣り合っている
b　酒屋と八百屋は隣り合っていない
c　雑貨屋は西端にある。
d　雑貨屋と精肉店は南北いずれかの同じ側にある
e　花屋は弁当屋の道を挟んだ向かいで、北側にある

問題3

次の記述のうち、必ず正しいものをあげた組み合わせを選びなさい。

ア　酒屋の向かいは雑貨屋である
イ　弁当屋と八百屋は隣り合っている
ウ　花屋と雑貨屋は隣り合っていない

A　アのみ　　　B　イのみ　　　C　ウのみ　　　D　ア・イ
E　ア・ウ　　　F　イ・ウ　　　G　ア・イ・ウ

6日目 推論2 その1 勝敗

Point!

対戦表を活用する
※必ず表をつくって解こう！

★ PがQに勝った＝QがPに負けた
　……勝敗には上記の二面性が必ずあるので、注意する
★ 必要に応じて、対戦表には「対戦成績」の欄も設ける
★ 結果から、すべての勝敗がわかるとは限らない

例題 ▶ 基本を押さえておこう

1 P～Uの6人が将棋の対戦を行い、次のような対戦結果を得た。Qは誰に勝ったか答えなさい。

　PはSに勝った
　Qは2勝3敗だった
　Rは5勝0敗だった
　Sは3勝2敗だった
　Tは3勝2敗だった

解説

> PはSに勝った
> ＝
> SはPに負けた

1 問題文からわかることを記入していく。

	P	Q	R	S	T	U	対戦成績
P			×	○			
Q			×				2勝3敗
R	○	○		○	○	○	5勝0敗
S	×		×				3勝2敗
T			×				3勝2敗
U			×				

　これで、Sの2敗はP・Rに対してのものと決まる。あとの3人には勝っている。
　　……あとの3人はSに対して負けていることも忘れずに
ここで、Tの2敗もRとSで決まり、あとの3人には勝っている。
さらに、Qの3敗もR・S・Tで決まるので、あとの2人には勝っている。
PとUの対戦結果は決定できない。

	P	Q	R	S	T	U	対戦成績
P		×	×	○	×	○か×	2勝か1勝
Q	○		×	×	×	○	2勝3敗
R	○	○		○	○	○	5勝0敗
S	×	○	×		○	○	3勝2敗
T	○	○	×	×		○	3勝2敗
U	×か○	×	×	×	×		0勝か1勝

したがって、QはPとUに勝っている。

その1 ●●● 勝敗

練習問題

▶ 解答・解説は別冊 52〜53 ページ

問題1

P〜Sの4人が総あたりでボクシングの試合をしたところ、次のような結果を得た。

PはQに負け、Rと勝敗が並んだ
Sは全勝だった

次のア〜ウの記述のうち、正しいものの組み合わせを選びなさい。

ア　Qは2勝1敗だった
イ　RはQに勝った
ウ　PはRに勝った

A アのみ	**B** イのみ	**C** ウのみ	**D** ア・イ
E ア・ウ	**F** イ・ウ	**G** ア・イ・ウ	

P～Sの4チームが総あたりでサッカーのリーグ戦をした。勝利1つにつき5ポイント、引き分け1つにつき3ポイントが与えられ、獲得したポイント数で順位が決まる（敗戦はポイントが与えられない）。このとき、次のような結果を得た。

PはQに勝ち、2勝1敗だった
QとRは引き分けで、両者の勝敗数は同じだった
QとSは引き分けだった

問題2

次の記述のうち、正しいものの組み合わせを選びなさい。

ア　0敗のチームがあった
イ　2敗したチームがあった
ウ　SはRに勝った

A　アのみ　　　B　イのみ　　　C　ウのみ　　　D　ア・イ
E　ア・ウ　　　F　イ・ウ　　　G　ア・イ・ウ

問題3

次の記述のうち、正しいものの組み合わせを選びなさい。

ア　1位のチームは12ポイント得た
イ　最も勝利数が多かったチームは1位ではなかった
ウ　最もポイントが少なかったチームは4ポイントだった

A　アのみ　　　B　イのみ　　　C　ウのみ　　　D　ア・イ
E　ア・ウ　　　F　イ・ウ　　　G　ア・イ・ウ

6日目 その2 対応
推論2

Point!
対応表を用いて書き込む

★決められないものは場合分けをして検証する
★答えが1つに決められない問題も多い
★「Rだけが美術部」ということだけで、
　"Rは美術部以外でない"
　"他の者は美術部ではない"ことまで想定する

例題 ▶ 基本を押さえておこう

1 P〜Tの5人は、野球部・水泳部・陸上部・合唱部・美術部のいずれかの部員である。なお、同じ部に2人以上はいない。
このとき、次のことがわかっている。

ア　PもQも野球部ではない
イ　QもSも水泳部ではない
ウ　PもTも合唱部ではない
エ　Rは美術部である
オ　Sは合唱部である

野球部に所属しているのは誰か。

解説

1 条件エよりRは美術部なので、美術部は他にいないし、Rは他の部でもない。条件オからSについても同様。
さらに、条件ア、イもふまえると次のようになる。

> ア：PもQも野球部ではない
> イ：Qは水泳部ではない

	野球部	水泳部	陸上部	合唱部	美術部
P	×			×	×
Q	×	×		×	×
R	×	×	×	×	○
S	×	×	×	○	×
T				×	×

> Qの枠は陸上部しか空いていない

このとき、陸上部なのはQしかありえない。となると、水泳部はPしかありえない。そして野球部はTで確定する。

	野球部	水泳部	陸上部	合唱部	美術部
P	×	○	×	×	×
Q	×	×	○	×	×
R	×	×	×	×	○
S	×	×	×	○	×
T	○	×	×	×	×

その2 ●●● 対応
練習問題

▶ 解答・解説は別冊 54 〜 57 ページ

問題 1

P〜Tの5人のうち大学生は3人で、その3人は法学部・文学部・経済学部のいずれかである。
このとき、次のことがわかっている。

P・Q・Tのうち大学生は1人で、その人は法学部である
Q・R・Sのうち大学生は2人で、そのうち1人は経済学部である
Q・S・Tのうち大学生は2人で、そのうち1人は文学部である

以下の記述のうち、正しいもののみの組み合わせを選びなさい。

ア　Pは法学部である
イ　Qは文学部である
ウ　Rは経済学部である
エ　Sは文学部である
オ　Tは経済学部である

A ア・イ　　**B** ア・ウ　　**C** ア・エ　　**D** イ・ウ
E イ・エ　　**F** イ・オ　　**G** ウ・エ　　**H** ウ・オ
I エ・オ

問題2

P～Tの5人の教師がおり、担当は数学・英語・古文・漢文のいずれかである。なお、数学担当は5人のうち2人いる。
このとき、次のことがわかっている。

PまたはSが英語担当である
QとSは漢文担当ではない
RとSは数学担当ではない
Qは古文担当ではない

以下の記述のうち、正しい可能性のある組み合わせを選びなさい。

ア　漢文担当がRのとき、古文担当はPである
イ　数学担当がTのとき、漢文担当はRである
ウ　古文担当がRのとき、漢文担当はQである

A　アのみ　　　**B**　イのみ　　　**C**　ウのみ　　　**D**　ア・イ
E　ア・ウ　　　**F**　イ・ウ　　　**G**　ア・イ・ウ

P～Tの5人の社員がいる。全員が1年目か2年目で、営業部か経理部に所属している。
このとき、次のことがわかっている。

Pは1年目で、Sとは異なる部署である
Qは経理部で、Rとは年次も部署も異なる
経理部は3人で、1年目は1人である
どちらの部署にも1年目と2年目の両方がいる

問題3

5人のうち2年目は何人か。正しいものを選びなさい。

A 1人
B 2人
C 3人
D 4人
E 1人もしくは2人
F 1人もしくは3人
G 2人もしくは3人
H 2人もしくは4人
I 2人もしくは3人もしくは4人

問題4 ☑

Tについての次の記述のうち、正しい可能性のないものの組み合わせを選びなさい。

ア　Pとは部署が異なる
イ　Qとは年次が同じである
ウ　Rとは部署が同じである
エ　Sとは年次が異なる

A　アのみ　　　　**B**　イのみ　　　　**C**　ウのみ　　　　**D**　エのみ
E　ア・イ　　　　**F**　ア・ウ　　　　**G**　ア・エ　　　　**H**　イ・ウ
I　イ・エ　　　　**J**　ウ・エ

問題5 ☑

次の記述のうち、正しい可能性のあるものの組み合わせを選びなさい。

ア　Qが2年目だとしたら、Tは2年目である
イ　Rが2年目だとしたら、Qは1年目である
ウ　Sが経理部だとしたら、Sは1年目である

A　アのみ　　　　**B**　イのみ　　　　**C**　ウのみ　　　　**D**　ア・イ
E　ア・ウ　　　　**F**　イ・ウ　　　　**G**　ア・イ・ウ

7日目 言語 その1

二語関係

Point！

二語を使って文章をつくる

★順序にも注意。AとBが逆のパターンだと誤り

主な二語関係のパターン

二語の関係	例文	具体例
同義語の関係	AとBは同じ意味	試験：テスト
対義語の関係	AとBは反対の意味	減少：増加
包含の関係	AはBに含まれる/AはBの一種	カレー：料理
役割の関係	AはBをするためのもの	鉄道：輸送
仕事の関係	Aの仕事はBである	著者：執筆
原料の関係	AはBからつくられる	ワイン：ぶどう
並列の関係	AもBも〜の一種	炊事：洗濯
合わせて一組の関係	AとBは一緒に使う	弓：矢
要素の関係	AはBを構成する要素の1つ	タイヤ：車

例題 ▶ 基本を押さえておこう

最初に示された二語の関係を考え、同じ関係のものをすべて選びなさい。

1 バター：牛乳

ア　味噌：大豆
イ　小麦粉：薄力粉
ウ　コーヒー：ビール

2 記者：報道

ア　美容師：調髪
イ　調理：調理師
ウ　教師：教育

120

解 説

> **原料の関係**
> A は B からつくられる

1 「バターは牛乳からつくられる」という文がつくれる。
これと同じようになるものを選べばいい。

- **ア**は正しい。

「味噌は大豆からつくられる」といえる。……原料の関係

- **イ**は正しくない。

「小麦粉は薄力粉からつくられる」とはいえない。
薄力粉は小麦粉の一種である（小麦粉には粒の細かい薄力粉と、
粒の粗い強力粉がある）。……包含の関係（B は A の一種）

- **ウ**は正しくない。

「コーヒーはビールからつくられる」とはいえない。コーヒーも
ビールも飲料の一種である。……並列の関係（A も B も〜の一種）
よって、アだけが同じ関係。

> **仕事の関係**
> A の仕事は B である

2 「記者の仕事は報道である」という文がつくれる。
これと同じようになるものを選べばいい。

- **ア**は正しい。

「美容師の仕事は調髪である」といえる。調髪とは、カットやパー
マなどで髪形を調えること。……A の仕事は B である

- **イ**は正しくない。

「調理の仕事は調理師である」とはいえない。これが逆のパターン
である。順序も重視して検証すること。……B の仕事は A である

- **ウ**は正しい。

「教師の仕事は教育である」といえる。……A の仕事は B である
よって、アとウが同じ関係。

7日目

言語

① 二語関係

1日目

その1 ●●● 二語関係

練習問題

▶ 解答・解説は別冊 58 〜 60 ページ

最初に示された二語の関係を考え、同じ関係のものをすべて選びなさい。

問題1 ☑

イスラム教：宗教

ア　スポーツ：野球
イ　ゴルフ：ゴルファー
ウ　走り高跳び：陸上競技

A　アのみ　　　B　イのみ
C　ウのみ　　　D　ア・イ
E　ア・ウ　　　F　イ・ウ
G　ア・イ・ウ

問題2 ☑

エンジン：自動車

ア　ストレージ：携帯電話
イ　DVD：動画メディア
ウ　小松菜：ほうれん草

A　アのみ　　　B　イのみ
C　ウのみ　　　D　ア・イ
E　ア・ウ　　　F　イ・ウ
G　ア・イ・ウ

問題3 ☑

アジェンダ：議題

ア　ペンディング：保留
イ　アライアンス：提携
ウ　コンプライアンス：法令遵守

A　アのみ　　　B　イのみ
C　ウのみ　　　D　ア・イ
E　ア・ウ　　　F　イ・ウ
G　ア・イ・ウ

問題4 ☑

固定：浮動

ア　一瞥：凝視
イ　解雇：出向
ウ　警戒：油断

A　アのみ　　　B　イのみ
C　ウのみ　　　D　ア・イ
E　ア・ウ　　　F　イ・ウ
G　ア・イ・ウ

問題5

順序：次第

ア　応募：募集
イ　委細：概略
ウ　凋落：落魄

A アのみ　　　　**B** イのみ
C ウのみ　　　　**D** ア・イ
E ア・ウ　　　　**F** イ・ウ
G ア・イ・ウ

問題6

形容詞：副詞

ア　愛知県：名古屋市
イ　岐阜県：中部地方
ウ　栃木県：長野県

A アのみ　　　　**B** イのみ
C ウのみ　　　　**D** ア・イ
E ア・ウ　　　　**F** イ・ウ
G ア・イ・ウ

問題7

にんじん：根菜

ア　かぼちゃ：果菜
イ　しょうが：いも類
ウ　いんげん：葉菜

A アのみ　　　　**B** イのみ
C ウのみ　　　　**D** ア・イ
E ア・ウ　　　　**F** イ・ウ
G ア・イ・ウ

問題8

マッチ：点火

ア　ピアノ：調律
イ　指輪：装飾
ウ　背広：スーツ

A アのみ　　　　**B** イのみ
C ウのみ　　　　**D** ア・イ
E ア・ウ　　　　**F** イ・ウ
G ア・イ・ウ

7日目

言語

① 二語関係

7日目 言語 その2 語句の意味

Point!
細かいニュアンスの違いに注意

★問題文を漢字に直して推測できればベスト
★明らかに間違っている言葉から消去していくのも1つの方法

例題 ▶ 基本を押さえておこう

次の意味に当てはまる語句を1つ選びなさい。

1 無礼、無遠慮なこと

- A 横柄
- B 失礼
- C 癇癪
- D 悠然
- E 高嶺

2 他に比べて劣っていること

- A 遜色
- B 欠点
- C 弱小
- D 対峙
- E 後逸

解 説

1 A「横柄（おうへい）」が正しい。

B「失礼」も明らかに間違っているとはいえないが、「無遠慮」という問題文のニュアンスがより的確に含まれているのはAのほうである。

C「癇癪（かんしゃく）」は、感情を抑えきれず激しく怒りだすこと。

D「悠然（ゆうぜん）」は、ものごとに動じないでどっしりと構えている様子。

E「高嶺（こうれい）」は、高い山のこと。転じて、手が届きそうにない存在。「高嶺（たかね）の花」などとも使う。

2 A「遜色（そんしょく）」が正しい。

ほとんどの場合、「遜色ない」のように、「劣っていない」「肩を並べる」という意味で用いる。

「遜」は劣っていること、引けをとっていることを表す。「謙遜」といった言葉が思い出されれば、こういったニュアンスにも気づけるはず。

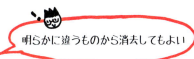

B・Cは明らかに誤り。

D「対峙（たいじ）」は、山などが並んでそびえ立つこと。転じて、実力者同士が互いに向き合ったまま動かないでいること。

E「後逸（こういつ）」は、ボールなどを後ろにそらすこと。転じて、好機に何もせず成果を残せないこと。

その2 語句の意味
練習問題

▶ 解答・解説は別冊 61 〜 64 ページ

次の意味に当てはまる語句を選びなさい。

問題1

ひっそりと静まり返っている様子

A 閑散　　B 静粛
C 秘匿　　D 凄惨
E 奏効

問題2

気後れした様子

A 白面　　B 立面
C 臆面　　D 渋面
E 赤面

問題3

気力や精力が盛んな様子

A 従容　　B 旺盛
C 活発　　D 闊達
E 逸足

問題4

釣り合いがとれて整っていること

A 均斉　　B 統合
C 一体　　D 画然
E 立錐

問題5

恥ずかしく感じること

A 慙愧　　B 羞恥
C 遺憾　　D 無念
E 辟易

問題6

大人数で評議してものごとを明らかにすること

A 議論　　B 詮議
C 討議　　D 吟味
E 検収

問題7

ものごとを気にしてこだわること

- A 捕捉
- B 因襲
- C 強情
- D 虜囚
- E 拘泥

問題8

土地が肥えていて作物がよく育つこと

- A 漠然
- B 広漠
- C 豊沃
- D 豊作
- E 荒涼

問題9

あこがれること

- A 好奇
- B 嫉妬
- C 夢想
- D 羨望
- E 憧憬

問題10

しきりに願うこと

- A 威望
- B 渇望
- C 声望
- D 遠望
- E 一望

問題11

ごくわずかな時間、空間

- A 極小
- B 寸隙
- C 五分
- D 刮目
- E 亀裂

問題12

広く行き渡るように配ること

- A 流通
- B 卸業
- C 分配
- D 頒布
- E 散乱

7日目 言語 その3 文章整序

Point!
指示語・接続詞に注意する

★「この」「その」といった言葉が何を指しているか探そう
★同じ言葉が繰り返し登場する場合も要注意

例題 ▶ 基本を押さえておこう

1 次のア～エを並べ替えて[1]～[4]の空欄を埋めなさい。

科学者が大きな業績を残すとき[1][2][3][4]はるかに多いといわれる。

ア　それに至る場合よりも
イ　自由に思索を進めた場合のほうが
ウ　直感のおもむくままに
エ　論理的な思考を重ねて

解 説

指示語に注意する

1 まずは、ア「それ」に着目する。「それ」にふさわしい部分は、全体を見渡してみても、冒頭部にある「大きな業績」しかない。すなわち、「それに至る」とは、「科学者が大きな業績を残す」ということである。

あとは文章の構造がわかれば簡単に解ける。空欄部分は「Aよりも Bのほうが（はるかに多い）」という構造になっている。したがって、ア「それに至る場合よりも」イ「自由に思索を進めた場合のほうが」「はるかに多い」という流れができる。

そしてア・イをそれぞれ補足するものを選べばいい。イ「自由に」とウ「直感のおもむくままに」は、この場合、意味上の親和性がかなり高い。したがって、ウ「直感のおもむくままに」イ「自由に思索を進めた場合のほうが」という流れができる。

したがって、エはアにくっつく。
エ「論理的な思考を重ねて」ア「それに至る場合よりも」となる。

よって、エ・ア・ウ・イという流れができる。

科学者が大きな業績を残すとき
エ　論理的な思考を重ねて
ア　それに至る場合よりも
ウ　直感のおもむくままに
イ　自由に思索を進めた場合のほうが
はるかに多いといわれる。

7日目

言語

③ 文章整序

129

その3 文章整序

練習問題

▶ 解答・解説は別冊65ページ

問題1

次のア～カを並べ替えて[1]～[6]の空欄を埋め、まとまりのある文章にするとき、[3]に入るものを選びなさい。

宗教の信者といえば、[1][2][3][4][5][6]ことも少なくない。

ア　教義に基づく
イ　思い浮かべがちだが
ウ　個人の裁量に委ねられている
エ　どこまで戒律を守るかは
オ　ともすれば
カ　厳しい戒律に沿った生活を

A　ア　　B　イ　　C　ウ　　D　エ　　E　オ　　F　カ

問題2 ☑

次の文に続くア〜キを並べ替えて、意味の通る文章にするとき、5番目にくるものを選びなさい。

少子化問題はいっそう深刻度を増している。このままでは、経済規模は縮小し、行政サービスも維持できなくなるかもしれない。

ア　これでは、子供を産み、育てることが、社会的に迷惑なことだと受け取られかねない。

イ　数十年前よりは、子供を産み、育てる環境は、かなり整備されてきているといっていい。

ウ　電車や駅といった日常の場を見るとよくわかる。乳幼児が電車に乗ってきたとき、わずらわしそうにする人はまだ少なくない。駅のエレベーターも、ベビーカーを優先させようとする乗客はほとんどいない。

エ　政府や公共団体は、こうした問題をきちんと認識し、さまざまな施策を打っている。

オ　こうした意識ときっぱり決別し、子供たちは未来のわが国を支える存在であることを正しく認識することが、少子化問題の根本的な解決につながる第一歩だと思えてならない。

カ　しかし一方で、意識の面で、こうした変化についていけていない実情もあると言わざるを得ない。

キ　幼稚園・保育園の整備、育児休暇取得の奨励、子供手当などがそれらの例だ。

A　ア　　B　イ　　C　ウ　　D　エ　　E　オ　　F　カ
F　キ

7日目 言語 その4
長文読解

Point!
正解は必ず本文中にある

★細かくひねった問題は出ない

練習問題

▶ 解答・解説は別冊66〜67ページ

次の文章を読んで、あとの問いに答えなさい。

　芸術とは、人間が表現したものを呼ぶ言葉であるので、まず「芸術とは人間が表現したものに対するある種の称号である」と言える。
　次に、表現されたものから鑑賞者が美を感じたときに芸術となるので、「表現されたものが芸術であるためには美が表現されているということが必要である」と言える。
　さて、人間が美を感じとる機能は、長い生物進化の結果であり、その美とは、それを感じることで人間は有効に進化したとすることができることから、「人間が種の保存を含めその生命の維持に必要な事物を感じとるための道標がすなわち美である」と言える。
　また、美によって人間が生物進化を有効に遂げてきたという事実から、「人間にとっては、美とは自然の本性の現れである」と言える。
　一方、表現とは、人間の精神現象が物質的に表面に現れることであるが、人間が表現を行うことについても、社会的動物である人間にとって

は重要な機能であり、進化のためにはより理想的な表現を行うことが必要であったと考えるべきであるため、理想的な形で人間の精神現象を物質的に具現化した表現は、人間の存在も自然の一部と考えると、美を感じとる機能と同様に、自然の本性の現れとなる。

これらを整理し換言すると、人間の理想的な表現は、自然の本性の現れすなわち美となって具現化されるということが言える。

ところで、人間の精神現象は、大脳神経系の働きによる意識的なものと中枢神経系の働きによる反射的なものがあり、これらは互いに有機的統一的に精神そのものとして機能していることから、人間の精神現象を理想的に表現するためには、これらのものを有機的統一的に主客合一の精神そのものとして表現されることが必要であるということが言える。

問題1 ☑

文脈上導かれる結論として適当なものを 2 つ選びなさい。

A 有機的統一的な精神活動の表象としての「美」は、精神活動そのものを表現していることから、鑑賞者に芸術と呼ばれる。

B 人間の意識的精神現象及び反射的精神現象を有機的統一的に精神そのものとして表現した場合、それは自然の本性すなわち美となって具現され、鑑賞者はそれを芸術と呼ぶのである。

C 人間は自然界の一員であると同時に社会的な存在でもあるため、自然の本性たる「芸術」は、人間活動の根本を支えるものでありうる。

D 主客合一の精神そのものの表現はすなわち美であり、人々はそれに芸術という称号を与えるのである。

E 芸術には必ず「美」が存在していなければならないため、「美」は自然の本性そのものである。

次の文章を読んで、あとの問いに答えなさい。

　森林の多面的機能が将来にわたって持続的に発揮されるようにするためには、森林の成長量を超えた伐採等から森林を守るだけではなく、人間の働きかけによって健全な森林を積極的に造成し、育成する「森林整備」が必要となる。特に、人工林や里山林のように、人間の働きかけによって形成された森林は、引き続き人間が手入れを行うことによって、健全な森林として維持しながら利用することができる。

　伐採跡地等で森林の機能を早期に回復するためには、植栽を行うことが一般的である。伐採跡地に植栽を行わないと、再び森林として再生するまでに非常に長い時間がかかるだけでなく、植生条件等によっては十数年経過後も低木や先駆種が優占し、高木性樹種が十分に見られない場合がある。

　植栽によって再生した森林（人工林）は、その後も適切な保育、間伐等が必要となる。我が国は湿潤で温暖な気候にあることから、草本植物等の他の植物が繁茂して植栽木の成長を阻害する場合が多く、これらを除去して植栽木の健全な生育を図るため、草本植物等の下刈り、ツル植物のつる切り、他の樹木等の除伐といった保育作業が行われる。これらの作業を適切に行わないと、（　a　）、十分に生育できないことになる。

　また、植栽木の成長に伴い植栽木間の競争が生じ始めると、隣接木との間隔を適度に保ち、植栽木の生育範囲を確保してその健全な生育を図るため、植栽木の一部を伐採する間伐が行われる。樹木の枝葉は、隣接木と接するようになると、光合成のための空間を確保するためほぼ同じ大きさを保ったまま上方に移動する。枝葉の大きさが変わらなければ光合成の量も変わらない、すなわち樹木が獲得できる栄養素は一定のままである。その一方で樹高は伸長していくので、その結果、幹の直径は徐々に（　b　）。間伐を行うことによって、植栽木の成長に合わせた環境を維持することができる。

　樹木の根の成長も隣接木の制約を受けることから、間伐を行うことによって、植栽木の成長にあわせて根が広く深く発達することができる。

134

また、植栽木の成長に伴い枝葉が閉鎖することにより、林床に植生が見られなくなる場合があるが、間伐により c 林床の光環境が改善されると下層植生も回復し発達する。

このように、人工林では植栽、保育、間伐等の森林整備を行うことによって、森林の再生が確保されるとともに、枝葉、幹、根、下層植生等が発達し、諸被害への抵抗性も高い健全な森林が形成される。

一方、生育条件によっては植栽を行わなくても、天然力によって高木性の稚樹が発生する場合もあるが、密生したシダやササ等により地表面を覆われてしまうと育つことができないため、地表のかきおこし、刈出し等の更新補助作業や植込みが必要となる。また、広葉樹の中には若い木を伐採すると根株から萌芽するものがあることから、かつての多くの薪炭林のように、定期的な伐採とこうした萌芽更新によって維持される森林もある。さらに、シカ等の野生鳥獣による食害は、苗木や下層植生の消失、立木の立ち枯れ等森林に甚大な被害を与えるため、植栽、保育、間伐等の過程で、鳥獣被害対策を実施することも必要となっている。これらも森林を再生するための人間の働きかけであり、広い意味での森林整備である。

『森林・林業白書（平成 25 年度）』より

問題2

文章中の空欄 a に当てはまる言葉を選びなさい。

A 他の植物が生い茂ることで植栽木が発育するスペースが確保できず

B 温暖なはずの気候条件が充分に揃わず

C 天然の森林だからこそ得られる豊富な栄養素を吸収できなくなり

D 森林を構成する上で欠かせない低木が駆逐されていってしまい

E 植栽木と天然木との森林での優占の度合いが逆転してしまい

問題3

文章中の空欄 b に当てはまる言葉を選びなさい。

A 小さくなっていく

B 大きくなっていく

C 成長スピードが速くなっていく

D 栄養素を活用できなくなっていく

E 枝葉を下回っていく

問題4 ☑

文章中の下線部 c について、この論述が当然の前提としていること
がらを、次の中から選びなさい。

A　間伐は適切な規模で行うべきである。
B　樹木の光合成は生長期によって必要量が異なる。
C　日光がなければ植物は充分に育たない。
D　植栽木は間伐の対象にすべきではない。
E　枝葉が小さくなっても樹木の生長には特に影響はない。

問題5 ☑

次のア～ウのうち、本文の内容に適合しているものの組み合わせを
選びなさい。

ア　日本の気候は植物の繁茂に適しているので、育てるべき樹木の
　　成長を他の植物が妨げることがしばしばありうる。
イ　森林整備とは、木材を伐採した森林を健全に再生させるための
　　人間の能動的な行為を指す。
ウ　萌芽更新とよばれる仕組みで子孫を増やすタイプの樹木から成
　　る森林は、人間の働きかけを施す余地がほとんどない。

A　アのみ　　　　**B**　イのみ　　　　**C**　ウのみ　　　　**D**　ア・イ
E　ア・ウ　　　　**F**　イ・ウ　　　　**G**　ア・イ・ウ

7日目

言語

④ 長文読解

137

Column 構造的把握力検査【問題】

問題1

次のア～エの中から、問題の構造が似ているものを2つ選びなさい。

ア　Pさんが昨日から、340ページある書籍を読んでいる。昨日は51ページ、今日は新たに全体の40%を読んだ。残りのページ数は全体のうちのいくらか。

イ　ある大学の教員（全180人）の構成をみると、教授が全体の45%、准教授が27人だった。教授は准教授より何人多いか。

ウ　Qさんはあるときのボーナスが30万円だった。13.5万円を貯金し、全体の35%でテレビを購入した。ボーナスの残りは全体のうちのいくらか。

エ　ある会社の役員構成は、少なくとも3人が社内取締役で、また過半数が社外取締役でなければならない。また女性比率が3割以上でなければならない。役員が19人だとすると、男性の社外取締役は最大で何人いるか。

問題2

次のア～オを、文の構造が似ているものでP（2つ）とQ（3つ）に分けるとき、Pに分類されるものはどれか。

ア　じゃんけんでぼくが勝ったら、君にジュースをおごろう。
イ　春が来たら、娘は小学校に入学する。
ウ　明日雨が降ったら、大会が中止になる。
エ　宝くじが当たったら、いくらかは寄付をする。
オ　夜になったら、父が帰ってくる。

解答・解説は159ページ

しめくくりの模擬テスト

模擬テスト ▶▶▶ 非言語

模擬テスト ▶▶▶ 言語

模擬テスト
非言語

解答時間 **30分**

▶ 解答・解説は別冊 68 〜 75 ページ

問題1 ☑

ある人が冷蔵庫を購入した。最初に総額の $\frac{5}{13}$ を支払い、残りを12回の分割払いにする。このとき、残額が総額の半分以下になるのは、何回目の分割払いを終えたときか。

A　2回目　　B　3回目　　C　4回目　　D　5回目
E　6回目　　F　7回目　　G　8回目　　H　9回目

問題2 ☑

ある商品に原価の25%の利益を見込んで1600円の定価をつけたが売れなかったので、定価をいくらか下げたところ、結果的に80円の利益を得た。定価を何%下げたか。

A　8%　　B　10%　　C　12%　　D　15%
E　16%　　F　18%　　G　20%　　H　25%

トランプのスペードのカードが、絵札4枚（J・Q・K・A）、数札5枚（2～6）ある。Pさんが、この中から4枚を引く。

問題3

すべて数札である場合は何通りか。

| A | 5通り | B | 9通り | C | 10通り | D | 12通り |
| E | 15通り | F | 24通り | G | 32通り | H | 48通り |

問題4

絵札が少なくとも3枚含まれている場合は何通りか。

| A | 12通り | B | 15通り | C | 18通り | D | 21通り |
| E | 24通り | F | 25通り | G | 28通り | H | 32通り |

問題5

絵札と数札が2枚ずつになる確率はいくらか。

| A | $\frac{1}{2}$ | B | $\frac{1}{3}$ | C | $\frac{3}{5}$ | D | $\frac{2}{7}$ |
| E | $\frac{4}{9}$ | F | $\frac{5}{13}$ | G | $\frac{7}{15}$ | H | $\frac{10}{21}$ |

あるスーパーマーケットは、P～Tまでの5店舗を展開している。次の表は、ある日の売上および売上に占める食料品の割合、さらに食料品の売上に占める生鮮食品の割合を示したものである。なお、金額の単位はすべて千円である。

	全体			食料品		生鮮食品
	売上額	全体に占める割合	売上額	食料品に占める割合	売上額
P	5750	40%	2300	20%	ア
Q	12500	20%	2500		400
R	13750	30%		16%	イ
S	ウ	40%		25%	740
T	2500	60%			600

問題6

アに当てはまる数値はいくらか。

| A | 320 | B | 340 | C | 360 | D | 380 |
| E | 400 | F | 420 | G | 460 | H | 480 |

問題7

イに当てはまる数値はいくらか。

| A | 480 | B | 500 | C | 520 | D | 550 |
| E | 570 | F | 600 | G | 630 | H | 660 |

問題8

ウに当てはまる数値はいくらか。

A 5500　B 5800　C 6300　D 6800
E 7400　F 7800　G 8000　H 8400

問題9

全体の売上に占める生鮮食品の割合について、高い順に順位をつけたい。2位と4位の店舗の組み合わせとして正しいものを選びなさい。

A 2位＝P、4位＝S　　B 2位＝Q、4位＝T
C 2位＝Q、4位＝P　　D 2位＝R、4位＝S
E 2位＝S、4位＝T　　F 2位＝S、4位＝R
G 2位＝T、4位＝S　　H 2位＝T、4位＝P

P～Tの5人が精肉店で買い物をした。このとき、次のことがわかっている。

豚肉を買ったのは3人だった
牛肉を買ったのは2人だった
鶏肉を買ったのは2人だった
惣菜を買ったのは2人だった
鴨肉を買ったのは1人だった

また、P～Tは、自分が買ったものについて次のように話している。

P「牛肉は買ったが惣菜は買っていない」
Q「鶏肉は買ったが豚肉は買っていない」
R「惣菜は買ったが牛肉は買っていない」
S「鶏肉は買ったが豚肉は買っていない」
T「鴨肉ともう1つ、あわせて2種類買った」

問題10

次の3つの記述のうち、必ず正しいといえるものの組み合わせを選びなさい。

ア　Pは鶏肉を買っていない
イ　Rは豚肉を買った
ウ　Tは牛肉を買った

A アのみ	**B** イのみ	**C** ウのみ	**D** ア・イ
E ア・ウ	**F** イ・ウ	**G** ア・イ・ウ	

144

問題11 ▱

次の 3 つの記述のうち、正しい可能性のあるものの組み合わせを選びなさい。

ア　Q は 3 種類買った
イ　S は 1 種類買った
ウ　Q が買ったものは R は買わず、R が買ったものは Q は買わなかった

A　アのみ　　　**B**　イのみ　　　**C**　ウのみ　　　**D**　ア・イ
E　ア・ウ　　　**F**　イ・ウ　　　**G**　ア・イ・ウ

問題12 ▱

次の 3 つの記述のうち、必ず正しいものの組み合わせを選びなさい。

ア　Q が買ったのが 3 種類であれば、S は惣菜を買っている
イ　S が買ったのが 1 種類であれば、Q は惣菜を買っている
ウ　S が惣菜を買っていれば、Q は牛肉を買っている

A　アのみ　　　**B**　イのみ　　　**C**　ウのみ　　　**D**　ア・イ
E　ア・ウ　　　**F**　イ・ウ　　　**G**　ア・イ・ウ

生徒 50 人にご飯とパンのどちらが好きかというアンケートを行ったところ、次のような結果を得た。
ご飯が好きな生徒は 30 人である。
パンだけが好きな生徒はご飯もパンも好きではない生徒の 3 倍である。
どちらも好きな生徒は全体の $\frac{1}{5}$ である。
これについて、以下の問いに答えなさい。

問題13

ご飯が好きだがパンが好きではない生徒は何人か。

A	15 人	**B**	20 人	**C**	25 人	**D**	30 人
E	35 人	**F**	45 人	**G**	50 人	**H**	55 人

問題14

パンが好きだがご飯が好きではない生徒は何人か。

A	5 人	**B**	10 人	**C**	15 人	**D**	19 人
E	20 人	**F**	25 人	**G**	33 人	**H**	35 人

問題15 ✓

別の生徒 30 人に同じアンケートを行い、結果を先ほどのアンケートに合算したところ、パンもご飯も好きではない生徒は全体の $\dfrac{7}{40}$ となった。
後にアンケートを取った 30 人の中で、ご飯もパンも好きではない生徒は何人か。

| **A** 5人 | **B** 9人 | **C** 10人 | **D** 15人 |
| **E** 20人 | **F** 23人 | **G** 25人 | **H** 30人 |

問題16 ✓

前問の作業を行ったところ、パンは好きだがご飯は好きではない生徒の数が $\dfrac{8}{5}$ 倍になった。ご飯が好きではない生徒は何倍になったか。

| **A** $\dfrac{5}{3}$ | **B** $\dfrac{7}{5}$ | **C** $\dfrac{16}{7}$ | **D** $\dfrac{15}{8}$ |
| **E** $\dfrac{25}{9}$ | **F** $\dfrac{19}{10}$ | **G** $\dfrac{25}{11}$ | **H** $\dfrac{20}{13}$ |

P～Tの5人が将棋で総当たりの勝負をした。勝てば2ポイント、負ければ0ポイント、両者時間切れは引き分けとして両者に1ポイントが入る。総合順位は獲得したポイントによって決まる。ポイントが同じなら順位は同じとなる。
このとき、次のことがわかっている。

RはPとSに勝った
TはQに負けた
Pの最終結果は5ポイントだった
Qの最終結果は6ポイントだった
Sの最終結果は3ポイントだった
2回以上引き分けた者はいなかった

問題17

次のア～ウのうち、必ず正しいといえるものの組み合わせを選びなさい。

ア　PはSと引き分けた
イ　RはQに負けた
ウ　SはTに負けた

A　アのみ　　　B　イのみ　　　C　ウのみ　　　D　ア・イ
E　ア・ウ　　　F　イ・ウ　　　G　ア・イ・ウ

問題18 ☑

Rの総合順位としてありうるものをすべてあげた組み合わせを選び
なさい。

A 1位　　　　　　**B** 2位　　　　　　**C** 3位
D 1位、2位　　　**E** 2位、3位　　　**F** 1位、3位
G 1位、2位、3位

問題19 ☑

次のア〜ウのうち、それが事実であれば全員の勝敗がすべて決定で
きるものの組み合わせを選びなさい。

ア　全敗だった者がいる
イ　引き分けは1試合だけだった
ウ　1位だったのは2人いる

A アのみ　　　**B** イのみ　　　**C** ウのみ　　　**D** ア・イ
E ア・ウ　　　**F** イ・ウ　　　**G** ア・イ・ウ

149

模擬テスト

言語

解答時間 **20分**

▶ 解答・解説は別冊 76〜80 ページ

最初に示された二語の関係を考え、同じ関係のものをすべて選びなさい。

問題1

チーズ：牛乳

ア　かんてん：てんぐさ
イ　納豆：大豆
ウ　せんべい：コメ

A　アのみ　　　B　イのみ
C　ウのみ　　　D　ア・イ
E　ア・ウ　　　F　イ・ウ
G　ア・イ・ウ

問題2

冷蔵庫：家電製品

ア　随筆：文学
イ　額縁：絵画
ウ　ジャズ：音楽

A　アのみ　　　B　イのみ
C　ウのみ　　　D　ア・イ
E　ア・ウ　　　F　イ・ウ
G　ア・イ・ウ

問題3

カメラ：撮影

ア　マイク：録音
イ　プリンター：印刷
ウ　カーナビ：操作

A　アのみ　　　B　イのみ
C　ウのみ　　　D　ア・イ
E　ア・ウ　　　F　イ・ウ
G　ア・イ・ウ

問題4

延長：短縮

ア　一瞥：凝視
イ　挽回：返上
ウ　逸材：凡才

A　アのみ　　　B　イのみ
C　ウのみ　　　D　ア・イ
E　ア・ウ　　　F　イ・ウ
G　ア・イ・ウ

次の意味に当てはまる語句を選びなさい。

問題5 ☑

一部が壊れたことで全体が駄目
になってしまうこと

A	損傷	**B**	瓦解
C	崩落	**D**	断絶
E	崩壊		

問題6 ☑

見識が狭くて浅いこと

A	薄情	**B**	壮健
C	強弁	**D**	寡聞
E	浅短		

問題7 ☑

ずるく悪賢いこと

A	残滓	**B**	狭量
C	卓越	**D**	遺賢
E	狡猾		

問題8 ☑

批評や意見などが極めて手厳
しい様子

A	箴言	**B**	辛辣
C	批准	**D**	寸評
E	罵詈		

問題9 ☑

排斥

A いくつもの難関が続くこと
B 容認できずしりぞけること
C 相互に反発し合うこと
D 互いを認め合い、高め合う
こと
E ひそかに様子を探ること

問題10 ☑

突飛

A 並外れて風変わりな様子
B いきなりの強風
C 一直線に飛んで行く様子
D 非常に鋭利な様子
E 何の前触れもないこと

模擬

言語

151

問題11 ◢

次のア～カを並べ替えて[1]～[6]の空欄を埋め、まとまりのある文章にするとき、[3]に入るものを選びなさい。

一般的に商業主義は、[1][2][3][4][5][6]効果も否定できない。

ア　より自由にするという
イ　両立しえないと
ウ　芸術家の創作活動を
エ　商業的な成功が
オ　思われがちだが
カ　芸術性とは

A ア　　**B** イ　　**C** ウ　　**D** エ　　**E** オ　　**F** カ

152

問題12

次の文章に対する反論として、ア〜オの文章がある。これらの文章を並べ替えて意味の通る文章にするとき、エのあとに来るものは何か。

メディアによる伝達は、20世紀中葉まではほとんどが文字によるものだったため、メディア理論は言語学をほぼそのまま踏襲していた。しかし近年は、伝達の手段が文字から音声、画像、映像へと発展してきたため、文字の重要性は減少した。したがって、従来の言語学に依拠したメディア理論は有効性を失いつつある。

ア　むしろ、文字の重要性はそのままで、音声や映像といった新手段が台頭してきたと捉えるべきだ。

イ　したがって、言語学に依拠したメディア理論は今後ますます有効性を増す運命にある。

ウ　さらに、音声は文字を音に変換したものであるし、画像の説明やそれに対する印象は文字によって語られるのである。

エ　つまり、文字の重要性は相対的に減少したに過ぎず、絶対的にみればそのまま維持されている。

オ　伝達の手段が変容していることは事実だが、それは決して文字が役割を終えたことを意味しない。

A ア　　**B** イ　　**C** ウ　　**D** オ　　**E** エが最後

次の文章を読んで、あとの問いに答えなさい。

　21世紀の文明は、一つの分裂をはらんで出発したように見える。文明の中核をしめるのは、いうまでもなく人間の仕事であり、働き方である。ところがその働き方の条件をめぐって、グローバル化とポスト工業化という時代の二大潮流が、いま互いに a 正反対の方向を目指して働いているからである。

　グローバル化とは普遍化の流れであって、人間の仕事をも均質化し、世界的に代替可能なものに変えてゆく。地球上のどこにも同質な労働力が存在し、同じ製品を同じ効率で造れるということが、グローバル化の前提であろう。労働が均質なればこそ、問題はその価格にしぼられることになり、企業は安い労働力を求めて各国に工場を移すことができるのである。

　この労働の均質化が始まったのは、もちろん遠く工業化の初期にさかのぼる。機械が誕生したことによって、仕事の技能の多くが職人の腕を離れ、機械の自動的な仕掛けに委ねられた。働き手の才能の違いも、熟練と未熟練の差も小さくなった。おかげで近代工業は大量の労働力を獲得したわけだが、同時に労働はその量によって、すなわち労働時間の長さによってのみ評価されることになった。

　さらに20世紀の終わり頃から、従来の機械に自動制御の機能が加わることによって、この労働の均質化は飛躍的な拍車をかけられた。機械が人間の腕だけでなく、脳神経の一部まで代理するようになったからである。高度な仕事にも熟練の必要は少なくなり、中国の若い女性農民が都会に出て、次の日から半導体の生産に従事できるようになった。

　これはほとんど革命的な変化であって、半世紀前には考えられない事態であった。昔、日本の下着メーカーの幹部に聞いた話だが、縫製工場のアジア進出は恐るべき困難を伴ったという。文化が違うと精度についての感受性も異なり、現地の人はミリ単位の長さの誤差に関心がない。下着の各部に数ミリのずれが生じると、全体ではサイズ一段の狂いが起こって商品にならないのであった。

154

グローバル化は一面でこうした文化差異の克服の過程でもあり、たぶん今ではミリ単位の精度の感覚も世界に普及しているだろう。だがそれ以上に世界を一つにしたのは、やはり工場のロボット化であり、それに伴う工程の単純化と標準化の徹底だったに違いない。その意味で、グローバルな社会は古い工業社会の延長線上にあり、その連続的な進化のかたちにすぎないと見ることができるのである。

ちなみに世界企業はサービス分野でも労働のマニュアル化を進め、積極的に文化差異の消滅をめざしている。サービスを工業製品と同様に世界に提供するには、労働そのものを型にはめて均質化するほかないだろう。ややこっけいな話だが、米国発の某コーヒー店チェーンでは、従業員は東京でもニューヨークでも、イタリア語で注文を確認するよう指導されているらしい。

こうしたグローバル化が工業化の延長だとすると、ポスト工業化がそれと対立する潮流であるのは明らかだろう。知的生産とサービスに重点を移すこの機運は、逆に労働の質の多様化をめざし、仕事の個性化を求めるからである。均質化になじまず、労働時間ではかれない仕事が増すなかで、それらをいかに評価し、対価を決定するかが切実な問題となる。グローバル化が万能とする市場の評価は、ここでは本質的に役立ちえないのである。

そこで登場するのがまず国家であり、法と制度がこの評価を下支えしているのは、事実である。知的労働は知的所有権のかたちで評価され、サービス労働は多様な資格や検定によって価格を保証される。それらは労働者の権利を保護するのと同時に、その労働を買う消費者の利益も守る。労働の価格が市場で決まるまえに、それが質的に一定の商品であることを、法と制度が保証するのである。

しかしここで国家が行うのはあくまで下支えにすぎず、評価の大枠づくりにとどまることも明白だろう。法制度は医師に免許を与えるが、それぞれの医師の具体的な質を保証しない。また国家は知的生産の成果を所有権として保護するが、それにいたる過程としての

労働を評価できない。だが真に必要なのは多くの埋もれた研究の努力であり、それなしに成果はありえないはずなのである。

あらためてこの問題に関する市場の限界を振り返れば、それは時間と空間の二つの面から見いだすことができる。一つは知的、技能的な仕事は人材の育成に依存しているのに、b 市場の選択はつねにそのために遅すぎるという点である。今日の日本の製造業は精密加工に生き残りをかけ、高度の職人技能に頼っているにもかかわらず、若い後継者が育っていないといわれるのも、その好例だろう。

第二は質的な労働は個人の身体と結合しており、その提供は一定の地域に局限されて、広い市場の競争にはなじまないということだろう。知的生産の成果だけは国境を越えるが、研究労働の過程は特定の場所と環境に根をおろすほかはない。介護も医療も教育も、マニュアルに載らない中核部分は遠くへ提供できない。よい学校を求めて親が転居をしようにも、それがままならないことは周知の事実だろう。

そしてこの市場にできないことの多くは、また国家にもできないことである。質的な労働を評価できるのは仕事仲間であり、継続的な顧客であって、いわば顔見知りの人間関係である。具体的には大学や研究所、多様な文化団体や職能団体、地域社会や社交集団のなかでの相互認知の仕組みのほかにない。

人間は報酬のためにのみ働くのではなく、他人の認知と評価を願って働く存在でもある。それも多くは世界的な名声を望むわけではなく、信頼できる友人、身近で自分自身が尊敬する他人の尊敬を得たいと願うものである。だとすれば問題は現代社会において、そういう相互認知の仕組み、社交的な人間関係がうまく成立しているかどうかということだろう。

山崎正和『地球を読む』より

問題13 ☑

下線部 a「正反対の方向」についての説明として最も適切なものを
1 つ選びなさい。

A　工業化のさらなる推進と停滞
B　マニュアル化とロボット化
C　均質化と個性化
D　文化差異の尊重と軽視
E　技術化とサービス化

問題14 ☑

下線部 b「市場の選択」について、市場によって選択される対象と
して正しいものを 1 つ選びなさい。

A　日本が持つ精密加工の開発力
B　一定の地域に局限された技術力
C　労働の評価基準を確立した管理能力
D　知的生産の成果
E　職人の技術

模擬

言語

問題15 ☑

筆者がグローバル化の本質とは無関係だと考えているものを 1 つ選びなさい。

A 安い労働力を求めて企業が外国に工場を移した。

B 従来の機械に自動制御の機能が加わった。

C 若い女性農民でも容易に半導体の生産に従事できるようになった。

D ミリ単位の精度まで注意を払うという態度が普及した。

E 世界中のどの店舗でも同じ言語を用いる店が登場した。

問題16 ☑

筆者が工業社会の本質だと考えているものを 1 つ選びなさい。

A 製品を大量に生産すること。

B 商品を大量に消費すること。

C 文化差異を克服すること。

D 工程を単純化すること。

E 労働技能を機械に委託すること。

Column 構造的把握力検査【解答・解説】

問題は 138 ページ

問題1　解答　ア・ウ

全体の数値が決まっており、そのうちいくらかの要素を排除した残りを問う問題。文末の出題の表現方法（全体のうちのいくらか）が同じかどうかも参考になる。

イは、アやウと内容は近いが、最後の出題形式が異なる。「教員のうち、教授でも准教授でもない者は、全体のうちのいくらか」であれば、同じ構造だといえる。

エは明らかに誤り。

問題2　解答　イ・オ

それぞれの文が「仮定・結論」という構成になっていることはわかるはず。ただ、仮定にもいくつか種類があることに注意しよう。

ア・ウ・エは、仮定内容が必ず実現するかどうか（じゃんけんで勝つかどうか、明日雨が降るかどうか、宝くじが当たるかどうか）が確定できない。

一方イ・オは、仮定内容がいずれ実現する（春は必ず来るし、そのうち必ず夜になる）。

これが両者の構造的な違いである。したがってPにはイ・オ、Qにはア・ウ・エが該当することになる。

7日でできる！
SPI [頻出]問題集

編　者　就職対策研究会
発行者　高橋秀雄
発行所　株式会社 高橋書店
　　　　〒170-6014 東京都豊島区東池袋3-1-1 サンシャイン60 14階
　　　　電話　03-5957-7103
©TAKAHASHI SHOTEN　Printed in Japan

定価はカバーに表示してあります。
本書および本書の付属物の内容を許可なく転載することを禁じます。また、本書および付属物の無断複写（コピー、スキャン、デジタル化等）、複製物の譲渡および配信は著作権法上での例外を除き禁止されています。

本書の内容についてのご質問は「書名、質問事項（ページ、内容）、お客様のご連絡先」を明記のうえ、郵送、FAX、ホームページお問い合わせフォームから小社へお送りください。
回答にはお時間をいただく場合がございます。また、電話によるお問い合わせ、本書の内容を超えたご質問にはお答えできませんので、ご了承ください。本書に関する正誤等の情報は、小社ホームページもご参照ください。

【内容についての問い合わせ先】
　　書　面　〒170-6014 東京都豊島区東池袋3-1-1 サンシャイン60 14階　高橋書店編集部
　　ＦＡＸ　03-5957-7079
　　メール　小社ホームページお問い合わせフォームから　（https://www.takahashishoten.co.jp/）

【不良品についての問い合わせ先】
　　ページの順序間違い・抜けなど物理的欠陥がございましたら、電話03-5957-7076へお問い合わせください。
　　ただし、古書店等で購入・入手された商品の交換には一切応じられません。

7日でできる! SPI

【頻出】問題集

別冊 **解答・解説**

別冊　練習問題の解答・解説

目次

1日目
その1　時間・距離・速度 2
その2　時刻表 4
その3　旅人算 7

2日目
その1　損益算 10
その2　分割払い 13
その3　料金の割引 16
その4　料金の精算 19

3日目
その1　順列・組み合わせ 21
その2　確率 24
その3　割合と比 28

4日目
その1　集合 31
その2　表計算・資料解釈 36
その3　長文の読み取り計算 40

5日目
その1　論理 42
その2　順位 45
その3　位置関係 49

6日目
その1　勝敗 52
その2　対応 54

7日目
その1　二語関係 58
その2　語句の意味 61
その3　文章整序 65
その4　長文読解 66

模擬テスト
非言語 68
言語 76

1

1日目 その1 時間・距離・速度

▶ 問題は 22 〜 23 ページ

問題1　解答　D　7分30秒後

💡 PさんとQさんの移動にかかる時間を求める

Pさんの速度48km/時は、分速だと48km/時÷60＝0.8km/分。→ 分速＝時速÷60
したがって3.6kmの道のりは、3.6km÷0.8km/分＝4.5分かかる。→ 距離÷速度＝時間
同様にQさんの速度18km/時は、18km/時÷60＝0.3km/分。
したがって3.6kmの道のりは、3.6km÷0.3km/分＝12分かかる。

以上のことから、Qさんは、Pさんの12－4.5＝7.5分＝7分30秒後に到着する。

問題2　解答　F　45km/時

💡 まずは徒歩の距離を求める

徒歩のときの5km/時は、5000m/時なので、m/分に直すと、

5000m/時÷60＝$\frac{500}{6}$ m/分。→ 分速＝時速÷60

徒歩で移動しているのは18分なので、その間の移動距離は、

$\frac{500}{6}$ m/分×18分＝$\frac{9000}{6}$＝1500m。→ 速度×時間＝距離

したがって残りの距離は、19500m－1500m＝18000m。
これを24分で移動するので、速度は、18000m÷24分＝750m/分。
時速に直すと、750m/分×60分÷1000＝45km/時。→ 時速＝分速×60

問題3　解答　E　32km

💡 距離を x として、距離÷速度＝時間の式にする

48km/時のときは x÷48km/時、60km/時のときは、かかる時間は x÷60km/時。

これが8分、すなわち $\frac{8}{60}$ 時間だけ後者のほうが早いので、

$(x÷48km/時)－(x÷60km/時)＝\frac{8}{60}$ 時間。

$$240\left(\frac{x}{48} - \frac{x}{60}\right) = 240 \times \frac{8}{60}$$ → 48 と 60 の最小公倍数 240 をかけて整数に

$5x - 4x = 32$

$x = 32$km

問題4　解答　E　10 時

💡 自宅から駐車場、駐車場から職場にかかる「時間」をそれぞれ求める

分速 80m で 1.6km 進むのにかかる時間は、1.6km ＝ 1600m なので、
1600m ÷ 80m/分 ＝ 20 分。→ 距離÷速度＝時間

時速 36km で 60km 進むのにかかる時間は、
60km ÷ 36km/時 ＝ $1\frac{24}{36} = 1\frac{2}{3}$ ＝ 1 時間 40 分。→ $\frac{2}{3}$ 時間 × 60 ＝ 40 分

したがって、自宅から職場までは、20 分＋1 時間 40 分＝ 2 時間。
以上のことから、8 時に自宅を出たら、10 時に職場に着く。

問題5　解答　F　1216m

💡 往復で 12 分かかっていることに注意！

忘れ物に気づいた地点を自宅から $x$km とすると、余分にかかった 12 分のうち、x 地点から自宅までと、自宅から x 地点までを移動している。
つまり、x 地点と自宅を往復している。
ということは、片道にかかる時間は 12 分÷ 2 ＝ 6 分。
速度が 64m/分なので、片道の距離は 64m/分× 6 分＝ 384m。→ 速度×時間＝距離

駐車場までは 1.6km、すなわち 1600m なので、
この地点は駐車場からは 1600m － 384m ＝ 1216m である。

1日目 その2　時刻表

▶ 問題は 26 〜 29 ページ

問題1　解答　A　40km/時

💡 **距離÷時間＝速度**

A から B までにかかる時間は 36 分。
このバスは 36 分で 24km を走ったので、AB 間の平均時速は、

$24\text{km} \div \dfrac{36}{60}$ 時間 $= 24\text{km} \times \dfrac{60}{36}$ 時間 $= 40\text{km/}$時。→ 36 分 $= \dfrac{36}{60}$ 時間

したがって、40km/時となる。

別解

$24\text{km} \div 36$ 分 $\times 60 = \dfrac{24}{36}$ km/分 $\times 60 = 40$ km/時

問題2　解答　B　20.25km

💡 **速度×時間＝距離**

B 停留所から C 駅までの所要時間は 27 分。
平均時速 45km で 27 分間走った時の走行距離は、

45km/時 $\times \dfrac{27}{60}$ 時間 $= \dfrac{45 \times 27}{60} = \dfrac{81}{4} = 20\dfrac{1}{4}$ km → 27 分 $= \dfrac{27}{60}$ 時間

したがって、20.25kmとなる。

別解

45km/時 $\times 27$ 分 $\div 60 = 20.25$km

問題3 **解答** **D** 57km/時

💡 **距離÷時間＝速度**

問題2からBC間の距離は20.25km。

バスの遅延により、20.25kmを 21 分で走らなければならない。

$$20.25km ÷ \frac{21}{60} 時間 = 20.25km × \frac{60}{21} 時間 = \frac{405}{7} = 57\frac{6}{7} km/時$$

したがって、時速 $57\frac{6}{7}$ km。最も近いのは57km/時。

距離 20.25km	B	発	12:21	21分 時間
	C	着	12:42	

問題4 **解答** **C** 105km/時

💡 **AC間の距離－AB間の距離＝BC間の距離**

AB間の所要時間は30分、平均時速は114kmより、AB間の距離は、

$$114km/時 × \frac{30}{60} 時間 = 57km。 → 速さ×時間＝距離$$

AC間の所要時間は80分、平均時速は102kmなので、AC間の距離は、

$$102km/時 × \frac{80}{60} 時間 = 136km。$$

よって、BC間の距離は136km － 57km ＝ 79km。

所要時間は45分なので、

$$平均時速は79km ÷ \frac{45}{60} 時間 = 79km × \frac{60}{45} 時間 = 105\frac{1}{3} km。 → 距離÷時間＝速さ$$

したがって、最も近いのは105km/時。

速度 114km/時	A	発	14:20	30分
102km/時	B	着	14:50	80分
		発	14:55	45分 時間
?	C	着	15:40	

問題5 **解答** **E** 16 時 20 分

🔎 CE 間の距離を CD 間の速度で走ると仮定すると何 km になるか

CD 間の平均時速を分速にすると、132km/ 時 ÷ 60 ＝ 2.2km/ 分。→ 分速＝時速 ÷ 60

同様に DE 間は 120km/ 時 ÷ 60 ＝ 2km/ 分。

仮に CE 間の所要時間 80 分（15 時 50 分から 17 時 10 分）を、

2.2km/ 分で走り続けるとすると、80 × 2.2 ＝ 176km 走ることになる。

80 分のうち 1 分だけ 2km/ 分で走ると

走行距離は 0.2km ずつ減る。

実際の距離は 166km なので、

（176 － 166）÷ 0.2 ＝ 50　より、→ 距離 ÷ 速さ＝時間

50 分間、分速 2km で走ればつじつまが合う。→ DE 間の所要時間

すると CD 間の所要時間は 80 － 50 ＝ 30 分なので、→ CE 間の所要時間－ DE 間の所要時間

16 時 20 分となる。

問題6 **解答** **C** 107km/ 時

🔎 全体の距離を求めて全体の時間で割る

問題 4 より、AC 間の距離は 136km。

問題 5 より、CE 間の距離は 166km。

AE 間の距離は 136km ＋ 166km ＝ 302km。

AE 間の所要時間は 2 時間 50 分なので、$2\frac{50}{60}$ 時間＝ $2\frac{5}{6}$ 時間。

$302km ÷ 2\frac{5}{6}$ 時間＝ $302km × \frac{6}{17}$ 時間＝ 106.58 … km/ 時。→ 距離 ÷ 時間＝速度

したがって、最も近いのは 107km/ 時。

A	発	14:20
B	着	14:50
	発	14:55
C	着	15:40
	発	15:50
D	通過	16:20
E	着	17:10

距離　136km

166km

$2\frac{5}{6}$ 時間　時間

6

1日目 その3 旅人算

▶ 問題は 32 〜 35 ページ

問題1　解答　D　5分後

💡 **姉が A さんに追いつこうとしている**

A さんが家を出てから 20 分間で歩いた距離は

60m/ 分× 20 分＝ 1200m。 → 速度×時間＝距離

A さんと姉との距離は、1 分あたり、300m － 60m ＝ 240m 縮まる。

A さんの姉が A さんに追いつくのは、この 1200m の差を埋めたときなので、

1200m ÷ 240m/ 分＝ 5 分。

よって 5 分後。

問題2　解答　D　5分後

💡 **姉と弟がたがいに近づいている**

姉と弟の距離は 1 分あたり 150m ＋ 250m ＝ 400m 縮まる。

もともとの距離は 2000m なので、2000m ÷ 400m/ 分＝ 5 分。 → 距離÷速度＝時間

したがって、5 分後に出会う。

問題3　解答　C　150m/ 分

💡 **まず、兄が追いついた地点を求める**

A さんが家を出てから 30 分後に兄が追いついている。

この地点は、100m/ 分× 30 分＝ 3000m なので、家から 3000m である。

　→ 速度×時間＝距離

兄は A さんが家を出てから 10 分後に家を出たので、

この地点まで 20 分かかっていることになる。

したがって兄の速度は、3000m ÷ 20 分＝ 150m/ 分。 → 距離÷時間＝速度

別解

100m/ 分× 10 分＝ 1000m

これを 20 分で縮めるから、1000m ÷ 20 分＝ 50m/ 分。

兄が P さんよりも速いので、100m/ 分＋ 50m/ 分＝ 150m/ 分。

問題4　**解答**　**E**　75m/分

💡 1分あたりどれだけ距離を縮めたかを考える

父と息子は3000mの距離を15分でゼロにしたので、

1分あたり3000m ÷ 15分＝200mの距離を縮めることになる。

息子の速度を x にすると、125m ＋ x ＝200。

→ 父の分速＋息子の分速＝近づく分速

よって息子の分速は、x ＝200 － 125 ＝75m/分。

問題5　**解答**　**B**　12分後

💡 母がAさんに追いつこうとしている

母が家を出たとき、Aさんがいる場所は、

90m/分 × 10分＝900m　家から900mの地点である。→ 速度×時間＝距離

母とAさんは1分あたり、540 － 90 ＝450mの距離を縮めるので、

900 ÷ 450 ＝2より、母が家を出てから2分後に2人は合流した。

よって求める答えは、10 ＋ 2 ＝12より、12分後である。

問題6　**解答**　**E**　180m/分

💡 Pさんと母が合流した地点について考える

2人が合流したのは、前問より母が分速540mで2分後なので、

家から540 × 2 ＝1080mの地点。→ 速度×時間＝距離

またここから学校までは、分速540mで3分かかるので、

540 × 3 ＝1620mの地点。→ 速度×時間＝距離

すなわち、家から学校までの距離は、1080m ＋ 1620m ＝2700mある。

Pさんはこの距離を、12分 ＋ 3分＝15分で移動しているので、平均速度は、

2700m ÷ 15分＝180m/分。

したがって180m/分が正しい。

問題7　　**解答**　**E**　8km

💡 P さんの速度と時間から割り出す

P さんが A 町から B 町まで歩いた時間の合計は 10 ＋ 30 ＝ 40 分。
P さんの速さは分速 200m。
速度×時間＝距離より、200m/ 分× 40 分＝ 8000m ＝ 8km。
よって、8km となる。

問題8　　**解答**　**E**　5 分後

💡 Q さんがベンチに到着したのは出発してから何分後か

P さんが休憩したベンチは、200m/ 分× 10 分＝ 2000m より、→ 速度×時間＝距離
A 町から 2000m の地点にある。
前問より、A 町から B 町までの距離は 8km ＝ 8000m。
よってベンチは、B 町から 6000m の地点。→ 8000 － 2000

Q さんがこのベンチに到着するのにかかる時間は、
6000m ÷ 400m/ 分＝ 15 分 → 距離÷速度＝時間
すなわち、B 町を出発してから 15 分後である。

P さんがベンチで休憩をとりはじめたのは、A 町を出発してから 10 分後なので、
15 － 10 ＝ 5 より、5 分後となる。

1日目

速さ

③ 旅人算

9

2日目 その1 損益算

▶ 問題は 38 〜 39 ページ

問題1　**解答**　D　3000 円

💡 **定価の 1 割引 ＝ 定価 × $\frac{9}{10}$**

原価を x 円とすると、利益は $x \times \frac{3}{10} = \frac{3}{10}x$ となる。→原価×利益率＝利益

また、定価は $x + \frac{3}{10}x = \frac{13}{10}x$ となる。→原価＋利益＝定価

したがって、1 割引きした売価は $\frac{13}{10}x \times \frac{9}{10} = \frac{117}{100}x$ と表せる。

このとき、利益は $\frac{117}{100}x - x = \frac{17}{100}x$ となる。→売価－原価＝利益

条件より利益は 510 円なので、

$\frac{17}{100}x = 510$。

$x = 510 \div \frac{17}{100} = 510 \times \frac{100}{17} = 3000$ 円。

したがって、原価は 3000 円。

問題2　**解答**　F　2000 円

💡 **売価－原価＝利益**

原価を x 円とすると、利益は $\frac{25}{100}x$ となる。→原価×利益率＝利益

定価は $x + \frac{25}{100}x = \frac{125}{100}x$ となる。→原価＋利益＝定価

売価は 300 円引きなので、$\frac{125}{100}x - 300$ となる。

このときの利益は、

$\left(\frac{125}{100}x - 300\right) - x = \frac{125}{100}x - \frac{100}{100}x - 300$

$= \frac{25}{100}x - 300$。→利益＝売価－原価

また条件より、利益は $\frac{10}{100}x$ とも表せる。

したがって、利益を表す式2つをつないで方程式ができる。

$\frac{25}{100}x - 300 = \frac{10}{100}x$

$25x - 30000 = 10x$ → 両辺に100を掛けて整数にする

$15x = 30000$

$x = 2000$

したがって、2000円が正解。

問題3　**解答**　**E**　2300円

💡 **売価−原価＝損失（マイナスの場合）**

原価をx円とすると、利益は$\frac{15}{100}x$となる。→ 原価×利益率＝利益

定価は$x + \frac{15}{100}x = \frac{115}{100}x$ → 原価＋利益＝定価

売価は$\frac{115}{100}x \times \frac{8}{10} = \frac{92}{100}x$

したがって損失は、$\frac{92}{100}x - x = -\frac{8}{100}x$となる。

　→ 売価−原価＝損失（損失なのでマイナス）

損失は160円なので、$-\frac{8}{100}x = -160$が成り立つ。

$x = 160 \div \frac{8}{100} = 160 \times \frac{100}{8} = 2000$

すなわち、原価は2000円。

定価は$2000 + \frac{15}{100} \times 2000 = 2300$円。

　→ 原価＋利益＝定価 $\left(\frac{115}{100} \times 2000 = 2300\ でもよい \right)$

問題4　**解答**　**H**　2500円

💡 **原価をx円とすると、利益は$\frac{4}{10}x$。定価は$x + \frac{4}{10}x = \frac{14}{10}x = \frac{140}{100}x$**

売価は$\frac{140}{100}x - 200$円。→ 売価＝定価−200円

2日目

お金

① 損益算

11

このときの利益は、$\left(\dfrac{140}{100}x - 200\right) - x = \dfrac{40}{100}x - 200$。 → 売価－原価＝利益

また条件より、利益は $\dfrac{32}{100}x$ 円とも表せる。

したがって、$\dfrac{40}{100}x - 200 = \dfrac{32}{100}x$

$40x - 20000 = 32x$ → 両辺に 100 を掛けて整数にする

$8x = 20000$

$x = 2500$

したがって、原価は 2500 円。

問題5　**解答**　**E**　250 円

💡 3 割の利益になる売価を求める

原価の 3 割の利益を得るには、

売値は $2500 + 2500 \times \dfrac{3}{10} = 3250$ 円にする必要がある。

　→ 原価＋利益＝売価 $\left(\dfrac{130}{100} \times 2500 = 3250\ \text{でもよい}\right)$

一方で、定価は $2500 + 2500 \times \dfrac{4}{10} = 3500$ 円なので、

$3500 - 3250 = 250$ 円。

250 円引きで売ればよい。

2日目 その2 分割払い

▶ 問題は 42〜45 ページ

問題1　解答　D　$\dfrac{3}{20}$

💡 $(1 - x) \div y$ の公式を使う

$1 - \dfrac{1}{4} = \dfrac{3}{4}$ より、残額は総額の $\dfrac{3}{4}$ にあたる。

これを 5 等分するので、$\dfrac{3}{4} \div 5 = \dfrac{3}{4} \times \dfrac{1}{5} = \dfrac{3}{20}$。

問題2　解答　D　$\dfrac{7}{24}$

💡 総額から 1 つずつ引けばよい

3 回の支払いを終えた時点での残額が、4 回目に支払うべき金額なので、

$1 - \dfrac{1}{3} - \dfrac{1}{4} - \dfrac{1}{8} = \dfrac{24 - 8 - 6 - 3}{24} = \dfrac{7}{24}$。　→ 3 と 4 と 8 の最小公倍数 (24) を分母にする

問題3　解答　A　$\dfrac{5}{19}$

💡 総額から 7 回分を引けばよい

7 回目までに支払った金額の合計は、

総額の $\dfrac{2}{19} \times 7 = \dfrac{14}{19}$ なので、

8 回目に支払うべき金額は、総額の $1 - \dfrac{14}{19} = \dfrac{5}{19}$。

問題4　解答　B　$\dfrac{2}{21}$

💡 (総額 − 1 回目 − 2 回目) ÷ 4

2 回の支払いを終えた時点での残額は、

総額の $1 - \dfrac{1}{3} - \dfrac{2}{7} = \dfrac{21 - 7 - 6}{21} = \dfrac{8}{21}$。

これを 4 等分するので、$\dfrac{8}{21} \div 4 = \dfrac{\cancel{8}^{2}}{21} \times \dfrac{1}{\cancel{4}_{1}} = \dfrac{2}{21}$。

2日目　お金　② 分割払い

13

問題5　**解答**　A　$\dfrac{1}{10}$

💡**(総額－1回目－2回目)÷7**

2回の支払いを終えた時点での残額は、

総額の $1 - \dfrac{1}{5} - \dfrac{1}{10} = \dfrac{10 - 2 - 1}{10} = \dfrac{7}{10}$。

これを7等分するので、$\dfrac{7}{10} \div 7 = \dfrac{\cancel{7}^{1}}{10} \times \dfrac{1}{\cancel{7}_{1}} = \dfrac{1}{10}$。

問題6　**解答**　C　$\dfrac{3}{20}$

💡**$(1 - x) \div y$ の公式を使う**

残額は総額の $1 - \dfrac{1}{4} = \dfrac{3}{4}$。

残額を5等分するので、$\dfrac{3}{4} \div 5 = \dfrac{3}{4} \times \dfrac{1}{5} = \dfrac{3}{20}$。

問題7　**解答**　C　$\dfrac{7}{10}$

💡**購入時の支払額＋3回分の分割払額**

購入時の支払額と3回分の分割払額の合計を求めればよい。

$\dfrac{1}{4} + \dfrac{3}{20} \times 3 = \dfrac{5}{20} + \dfrac{9}{20} = \dfrac{14}{20} = \dfrac{7}{10}$

問題8　**解答**　D　$\dfrac{4}{15}$

💡**総額から1回目、2回目を引けばよい**

$1 - \dfrac{1}{3} - \dfrac{2}{5} = \dfrac{15 - 5 - 6}{15} = \dfrac{4}{15}$

問題9　解答　D　$\frac{1}{15}$

💡 前問で求めた残額を4等分する

$$\frac{4}{15} \div 4 = \frac{\cancel{4}^1}{15} \times \frac{1}{\cancel{4}_1} = \frac{1}{15}$$

問題10　解答　B　$\frac{14}{5}$

💡 1回目分÷6回目分

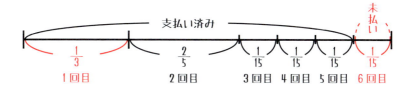

未払額が総額の $\frac{1}{15}$ 。

支払済みの金額は総額の $1 - \frac{1}{15} = \frac{14}{15}$ である。

1回目の支払額は $\frac{1}{3}$ 。

よって求める答えは、$\frac{14}{15} \div \frac{1}{3} = \frac{14}{\cancel{15}_5} \times \frac{\cancel{3}^1}{1} = \frac{14}{5}$ 。

2日目 その3 料金の割引

▶ 問題は 48〜51 ページ

問題1　**解答**　F　10050 円

💡 **定価×個数＋割引額×個数＝総額**

定価の分は、420 円× 10 個＝ 4200 円。

割引が適用されるのは、25 個のうちの 11 個目からなので、
390 円× (25 － 10) 個＝ 5850 円。

以上から、4200 円＋ 5850 円＝ 10050 円。

問題2　**解答**　E　144000 円

💡 **各々の金額を足していく**

定価の分は、700 円× 100 個＝ 70000 円。

1 個 500 円の分は 100 個に適用されるので、
500 円× 100 個＝ 50000 円。

1 個 300 円の分は 80 個に適用されるので、
300 円× 80 個＝ 24000 円。

以上から、70000 円＋ 50000 円＋ 24000 円＝ 144000 円。

問題3　**解答**　G　9000 円

💡 **定価×個数＋割引後の金額×個数＝総額**

20 円× 300 枚＋ 15 円× (500 － 300) 枚＝ 9000 円

問題4　　**解答**　**A**　1500 枚

💡 求められているチラシの枚数を記号にする

チラシの枚数を全部で x 枚とすると、総額は、
20 円× 300 枚＋ 15 円× $(x - 300)$ 枚と表せる。

一方、1 枚 16 円で x 枚印刷したときの総額は、16 円× x とも表せる。

したがって、20 円× 300 枚＋ 15 円× $(x - 300) = 16$ 円× x が成り立つ。
$6000 + 15x - 4500 = 16x$
$16x - 15x = 6000 - 4500$
$x = 1500$
したがって、1500 枚となる。

問題5　　**解答**　**H**　18000 円

💡 まず 4 割引きの値段を求める

定価の 4 割引きの値段は、

1kgあたり 500 円× $\left(1 - \dfrac{4}{10}\right) = 300$ 円である。　→ $500 \times \dfrac{6}{10} = 300$

よって総額は、500 円× 30kg＋ 300 円× $(40 - 30)$kg＝ 18000 円。

問題6　　**解答**　**H**　52kg

💡 割引きされた分を求めればよい

1kgあたり定価 500 円で、割引は 40% なので、1kgあたりの割引額は、
$500 \times 40\% = 200$ 円。
したがって、4400 円安かったので、割引が適用された分は、
4400 円÷ 200 円＝ 22kg。
定価で 30kg買っているはずなので、合計は、
30kg ＋ 22kg＝ 52kg。

2日目

お金

③ 料金の割引

問題7 **解答** **C** 60kg

💡 **求められている米の量を記号にする**

定価の2割引きの値段は、

1kgあたり500円 × $\left(1 - \dfrac{2}{10}\right) = 400$円である。 → $500 \times \dfrac{8}{10} = 400$

全部で x kgの米を購入したとすると、総額について、

500円 × 30kg + 300円 × $(x - 30)$kg = $400 \times x$ が成り立つ。

$15000 + 300x - 9000 = 400x$

$100x = 6000$

$x = 60$

したがって、60kgとなる。

問題8 **解答** **A** 84円

💡 **総額÷ポイント数＝1ポイントあたりの値段**

総額は100円 × 100ポイント + 80円 × $(500 - 100)$ポイント = 42000円。

したがって、1ポイントあたりの値段は、

42000円 ÷ 500ポイント = 84円。

問題9 **解答** **C** 550ポイント

💡 **求められているポイント数を記号にする**

全部で x ポイント購入したとすると、総額について、

100円 × 100ポイント + 80円 × $(500 - 100)$ポイント + 40円 × $(x - 500)$ポイント

が成り立つ。

一方、1ポイント80円となったときの総額は、$80 \times x$ でも表せる。

したがって、$10000 + 40000 - 8000 + 40x - 20000 = 80x$ が成り立つ。

$40x = 22000$

$x = 550$

したがって、550ポイントとなる。

2日目 その4 料金の精算

▶ 問題は 54 〜 55 ページ

問題1　解答　C　Q から 1000 円、R から 4000 円

💡 **まず、総額から1人あたりの負担額を求める**

15000 円 ÷ 3 人 = 5000 円なので、1 人あたり 5000 円負担すればよい。

1 人あたりの負担額 − 実際の負担分 = 不足分なので、

Q については、5000 円 − 4000 円 = 1000 円。

　→1 人あたりの負担額 − 負担分 = 不足分

R については、5000 円 − 1000 円 = 4000 円。

よって、P は Q から 1000 円、R から 4000 円もらえばよい。

問題2　解答　D　15000 円

💡 **最終的に P が負担した金額から、1人あたりの負担額を算出する**

P は 33000 円支払い、R から 8000 円、Q から 2000 円受けとっている。

よって、P は最終的に、

33000 円 − 8000 円 − 2000 円 = 23000 円の負担をしていることがわかる。

負担は 3 人で同額なので、

旅行にかかった全費用の合計は、23000 円 × 3 人 = 69000 円。

よって、交通費は 69000 円 − (33000 円 + 21000 円) = 15000 円。

問題3　解答　A　1870 円

💡 **P の支出額 = 1人あたりの負担額**

P が支出した額は、最初に 1240 円、Q に 550 円、R に 40 円なので、

1240 円 + 550 円 + 40 円 = 1830 円

これで 3 人の出費額が等しくなっているはず。

したがって、P から 40 円受け取る前の R の支出額は、

1830 + 40 = 1870 円。

　→ 1830 × 3 = 5490、5490 − 1240 − 2380 = 1870 でもよい

19

問題4　　**解答**　**E**　8400 円

💡 3000 円で 200 円のおつりがあったと考える

1 人あたりの負担額に注目すると、3000 円− 200 円＝ 2800 円である。
負担は 3 人とも同額なので、コーヒーメーカーの代金は
2800 円× 3 人＝ 8400 円である。

問題5　　**解答**　**B**　750 円

💡 S の負担額を記号にしてに方程式をつくる

S の負担額を x 円とすると
P、Q、R の負担額はそれぞれ $x + 300$ 円である。
よって、$x + (x + 300) \times 3 = 3900$ 円が成り立つ。
これを解くと、$x + 3x + 900 = 3900$ 円。
$4x = 3000$
$x = 750$
したがって、S の負担額は 750 円となる。

3日目 その1 順列・組み合わせ

▶ 問題は 60 〜 63 ページ

問題1　解答　C　6試合

$_nC_r$ の公式を使う

4つのチームから2つのチームを選ぶ場合の数を考えればよい。

よって求める答えは、$_4C_2 = \dfrac{4 \times 3}{2 \times 1} = 6$　より、6試合。

問題2　解答　F　4060通り

$_nC_r$ の公式を使う

30人から3人を選ぶ場合の数を考えればよい。

$_{30}C_3 = \dfrac{30 \times 29 \times 28}{3 \times 2 \times 1} = \dfrac{24360}{6} = 4060$ 通り。

問題3　解答　G　256通り

同じカードが何度も使えるので、すべての桁が4通り

千の位の選び方＝1、2、3、4の4通り。
百の位、十の位、一の位も同様に4通りずつの選び方がある。
よって、つくることのできる4桁の数は、$4 \times 4 \times 4 \times 4 = 256$ 通り。

問題4　解答　D　48通り

0は百の位に選べない

0は百の位になることができないので、百の位の選び方は $5 - 1 = 4$ 通り。
十の位の選び方は、百の位で使われていない $5 - 1 = 4$ 通り。→0も使える
一の位の選び方は、百の位、十の位で使われていない $5 - 2 = 3$ 通り。
以上を掛け合わせて、$4 \times 4 \times 3 = 48$ 通り。

問題5　　**解答**　**C**　33通り

💡 **百の位が 1・2・3・4 のときの数をそれぞれあげる**

2のカードが重なっているので分けて数える。
百の位に 1 が来る 3 桁の数は、122、123、124、132、134、142、143 の 7 通り。
百の位に 3、4 が来る場合もそれぞれ 7 通り。
　→ 312,314,321,322,324,341,342、412,413,421,422,423,431,432
百の位に 2 が来る 3 桁の数は、
212、213、214、221、223、224、231、232、234、241、242、243 の 12 通り。
よって答えは、7 + 7 + 7 + 12 = 33

問題6　　**解答**　**D**　24通り

💡 **n の階乗＝ n! ＝ n × (n － 1) × (n － 2)…1 の公式を使う**

4 人を並べる場合の数なので、4! ＝ 4 × 3 × 2 × 1 ＝ 24 通り。

問題7　　**解答**　**B**　12通り

💡 **A・B を 1 人として考える**

A、B が隣り合うので、A、B の組を 1 人として考えて、3 人を並べる組み合わせを
考えればよい。
3! ＝ 3 × 2 × 1 ＝ 6 → (AB) C D、(AB) D C、C (AB) D、D (AB) C、C D (AB)、D C (AB)
A、B の順番は (A, B)、(B, A) の 2 通りあるので、答えは 6 × 2 ＝ 12 通り。

問題8　　**解答**　**D**　12通り

💡 **総数 － p の公式を使う**

すべての並び方から A、B が隣り合う並び方を引けばよい。
すべての並び方は、問題 6 より 24 通り。→ 4 × 3 × 2 × 1 ＝ 24
A、B が隣り合う並び方は、問題 7 より 12 通り。→ 6 × 2 ＝ 12
したがって、答えは 24 － 12 ＝ 12 通り。→すべての並び方－ AB が隣り合う並び方

問題9 **解答** **D** 12通り

💡 （P以外の）4人の組み合わせを求める

P以外の4人のうち2人がから揚げ弁当になるから、

その組み合わせは $_4C_2 = \dfrac{4 \times 3}{2 \times 1} = 6$ 通り。

これらのそれぞれについて、から揚げ弁当以外の者は、焼魚とハンバーグのいずれの可能性もある。

したがって、6通り×2通り＝12通り。

問題10 **解答** **B** 2通り

💡 から揚げ弁当3つはP、Q、Rで決まり

P、Q、Rの3人がから揚げ弁当で確定。

ハンバーグ弁当、焼魚弁当をS、Tの2人で分けるので、

2! ＝ 2 × 1 ＝ 2通り。

問題11 **解答** **D** 16通り

💡 r＝総数−pの公式を使う

すべての場合の数は、5! ＝ 5 × 4 × 3 × 2 × 1 ＝ 120通り。

うち、から揚げ弁当3つには区別がないので、すべての場合の数のうち、

3 × 2 × 1 ＝ 6がだぶり。

よって、$\dfrac{120}{6} =$ 20通り。→ $_5P_2 = 5 \times 4 = 20$ でもよい

Qがハンバーグ弁当になる場合は、

Q以外の4人がから揚げ弁当3つ、焼魚弁当1つを分け合う。

4人のうち、焼魚弁当になる1人を選べばよい。

$_4P_1 =$ 4通り。

したがって、Qがハンバーグ弁当ではない場合は、

20 − 4 ＝ 16通り。→すべての並び方− Qがハンバーグ弁当の場合

3日目

数

① 順列・組み合わせ

23

3日目 その2 確率

▶ 問題は 68 〜 71 ページ

問題1　解答　F　$\frac{25}{36}$

💡 **r = 1 − p の公式を使う**

サイコロを振って 5 の出る確率は $\frac{1}{6}$。

よって 5 の出ない確率は、

$1 - \frac{1}{6} = \frac{5}{6}$。

1 回目に 5 の出ない確率、2 回目に 5 の出ない確率はどちらも $\frac{5}{6}$ なので、

求める確率は、$\frac{5}{6} \times \frac{5}{6} = \frac{25}{36}$ 。→ r = p × q（確率 p と確率 q が同時に起こる確率 r）

問題2　解答　A　$\frac{1}{6}$

💡 **2 つの合計が 7 になる組み合わせは？**

サイコロ A、B の出る目の組み合わせは、6 × 6 = 36 通り。

出目の合計が 7 になる組み合わせは、(1,6)(2,5)(3,4)(4,3)(5,2)(6,1) の 6 通り。

よって、求める確率は $\frac{6}{36} = \frac{1}{6}$。→ $\frac{合計が 7 の場合の数}{A、B の出る目の場合の数}$

問題3　解答　D　$\frac{5}{8}$

💡 **十の位に入る数、一の位に入る数を抜き出す**

まず、すべての場合の数を求める。

十の位に入るのは、0 以外の 4 通り。

一の位に入るのは、十の位に入る数以外の 4 通り。→ 0 も入る

したがって、すべての場合の数は、4 × 4 = 16 通り。

偶数ということは、

一の位が 0，2，4 のいずれかになればよい。→ 一の位が偶数であればよい

一の位が 0 のとき、十の位に入るのは 1，2，3，4 の 4 通り。

一の位が 2 のとき、十の位に入るのは 1，3，4 の 3 通り。

一の位が 4 のとき、十の位に入るのは 1，2，3 の 3 通り。

したがって、16 通りのうち 10 通りが偶数になる。→ 4 ＋ 3 ＋ 3

求める確率は $\dfrac{10}{16} = \dfrac{5}{8}$ 。 → $\dfrac{偶数の場合の数}{すべての場合の数}$

問題4　**解答**　**G**　$\dfrac{5}{16}$

💡 3 の倍数は十の位と一の位の合計が 3 の倍数になる

2 桁の数が 3 の倍数になるには、十の位と一の位の合計が 3 の倍数になればよい。

0、1、2、3、4 の中から 2 つの数を選び、その合計が 3 の倍数になる組み合わせは、0・3、1・2、4・2 の 3 通り。

0・3 の組からつくることのできる 2 桁の数は、30 のみで 1 つ。

1・2 の組からつくることのできる 2 桁の数は、12，21 の 2 つ。

4・2 の組からつくることのできる 2 桁の数は、42，24 の 2 つ。

よって、3 の倍数になる 2 桁の数は、5 つくることができる。→ 1 ＋ 2 ＋ 2

すべての場合の数は、前問より 16 通り。

求める確率は $\dfrac{5}{16}$ 。 → $\dfrac{3 の倍数の場合の数}{すべての場合の数}$

問題5　**解答**　**C**　$\dfrac{3}{5}$

💡 玉の数は全部で 5 個

5 個中 3 個入っている赤玉を取り出すので、$\dfrac{3}{5}$ である。

3日目

数

②確率

25

問題6　**解答**　**E**　$\dfrac{1}{10}$

💡 最初に白玉を取ったとき、残ったすべての玉の数、白玉の数は？

5個中2個入っている白玉を取り出す確率は $\dfrac{2}{5}$。

残り4個中1個入っている白玉を取り出す確率は $\dfrac{1}{4}$。

これらが同時に起きる確率なので、$\dfrac{2}{5} \times \dfrac{1}{4} = \dfrac{2}{20} = \dfrac{1}{10}$。

→ r = p × q（確率 p と確率 q が同時に起きる確率 r）

問題7　**解答**　**F**　$\dfrac{9}{10}$

💡 r = 1 − p の公式を使う

白玉が1つも入っていない確率を考えて、それを1から引けばよい。
つまり、取り出した3つの玉がすべて赤玉である確率を考える。

5個中3個入っている赤玉を取り出す確率は $\dfrac{3}{5}$。

次に4個中2個入っている赤玉を取り出す確率は $\dfrac{2}{4} = \dfrac{1}{2}$。

次に3個中1個入っている赤玉を取り出す確率は $\dfrac{1}{3}$。

これらが同時に起こる確率なので、$\dfrac{3}{5} \times \dfrac{1}{2} \times \dfrac{1}{3} = \dfrac{3}{30} = \dfrac{1}{10}$。

→ r = p × q（確率 p と確率 q が同時に起きる確率 r）

求める答えは、これを1から引いて $\dfrac{9}{10}$ となる。

→ r = 1 − p（確率 p が起こらない確率 r）

問題8 **解答** **C** $\dfrac{2}{5}$

💡 **くじの数は全部で5本**

5本のうち2本が当たりなので、$\dfrac{2}{5}$ である。

問題9 **解答** **C** $\dfrac{2}{5}$

💡 **Pが当たりの場合とはずれの場合を考える**

Pが当たりくじを引いたかどうかで場合分けをする。

・Pが当たりくじを引いた場合 →Pが当たりでQも当たり

Pが当たりくじを引く確率は、前問より $\dfrac{2}{5}$ である。

残りのくじは4本で、そのうち当たりは1本。

したがって、確率は $\dfrac{1}{4}$ である。

以上から、$\dfrac{2}{5} \times \dfrac{1}{4} = \dfrac{2}{20} = \dfrac{1}{10}$ となる。

・Pが当たりくじを引かなかった場合 →PがはずれでQが当たり

Pが当たりくじを引かなかった確率は、$1 - \dfrac{2}{5} = \dfrac{3}{5}$ である。

残りのくじは4本で、そのうち当たりは2本。

したがって、確率は $\dfrac{2}{4} = \dfrac{1}{2}$ である。

以上のことから、$\dfrac{3}{5} \times \dfrac{1}{2} = \dfrac{3}{10}$ となる。

したがって、求める確率は、

$\dfrac{1}{10} + \dfrac{3}{10} = \dfrac{4}{10} = \dfrac{2}{5}$ 。

→r＝p＋q（確率pと確率qのいずれかを満たす確率r）

3日目

数

②確率

3日目 その3 割合と比

▶ 問題は 74 ～ 77 ページ

問題1 　**解答**　C　25000 人

💡 **まず、C市＝ 35000 人をもとに A 市の人口を求める**

C $= \frac{7}{6}$ A ＝ 35000 人なので、A ＝ 35000 $\div \frac{7}{6}$ ＝ 35000 $\times \frac{6}{7}$ ＝ 30000 人である。

B 市については、$\frac{1}{3}$ A $= \frac{2}{5}$ B が成り立つ。

A ＝ 30000 を代入すると、$\frac{1}{3} \times$ 30000 $= \frac{2}{5}$ B となる。

これを解くと、10000 $= \frac{2}{5}$ B　B ＝ 10000 $\div \frac{2}{5}$ ＝ 10000 $\times \frac{5}{2}$ ＝ 25000 人。

問題2　**解答**　B　35 人

💡 **まず、男子 25 人から男子の欠席人数、女子の欠席人数を求める**

男子 25 人のうち 20% が欠席したので、人数は 25 $\times \frac{20}{100}$ ＝ 5 人。

したがって、女子の欠席人数は 8 － 5 ＝ 3 人。→全体の欠席人数－男子の欠席人数

女子の人数を x とすると、$x \times \frac{30}{100}$ ＝ 3、これを解くと x ＝ 10。

すなわち女子は 10 人なので、男子と合わせた人数は 25 ＋ 10 ＝ 35 人。

問題3　**解答**　A　98 人

💡 **昨年の男子を x、女子を y にして連立方程式で解く**

昨年の男子生徒を x、昨年の女子生徒を y とする。
昨年は全体で 320 人だったので、$x + y$ ＝ 320 … ア
今年は男子は 20% 増えたので、
今年の男子生徒は、$x + \left(\frac{20}{100} \times x \right) = \frac{120}{100} x$
今年は女子は 30% 減ったので、
今年の女子生徒は $y - \left(\frac{30}{100} \times y \right) = \frac{70}{100} y$
今年の男女合計は昨年より 6 人減ったので、
$\frac{120}{100} x + \frac{70}{100} y$ ＝ 320 － 6 … イ

$12x + 7y = 3140$ → イの両辺を 10 倍
$12x + 12y = 3840$ → アの両辺を 12 倍
$-5y = -700$ → 上式から下式を引く
$y = 140$

したがって、昨年の女子生徒は 140 人。

今年は 30% 減ったので、$140 \times \dfrac{70}{100} = 98$ 人。

問題4　解答　H　$\dfrac{7}{3}$

💡 分数の計算ミスに注意

$\dfrac{1}{2}$A $= \dfrac{4}{7}$B なので、B $= \dfrac{1}{2}$A $\times \dfrac{7}{4} = \dfrac{7}{8}$A である。

そこで、$\dfrac{2}{3}$B $= \dfrac{1}{4}$C に B $= \dfrac{7}{8}$A を代入すると、$\dfrac{2}{3} \times \dfrac{7}{8}$A $= \dfrac{1}{4}$C となる。

したがって、$\dfrac{7}{12}$A $= \dfrac{1}{4}$C。

C $= \dfrac{7}{12}$A $\times \dfrac{4}{1} = \dfrac{28}{12}$A $= \dfrac{7}{3}$A → $\dfrac{28}{12}$ を 4 で約分

したがって、C 国の生産台数は、A 国の生産倍数の $\dfrac{7}{3}$ 倍である。

問題5　解答　A　$\dfrac{3}{2}$ 倍

💡 P さんを基準に考える

$\dfrac{1}{2}$P $= \dfrac{3}{4}$Q なので、P $= \dfrac{3}{4}$Q $\times \dfrac{2}{1} = \dfrac{6}{4} = \dfrac{3}{2}$Q である。

また、$\dfrac{1}{2}$P $= \dfrac{5}{8}$R なので、P $= \dfrac{5}{8}$R $\times \dfrac{2}{1} = \dfrac{10}{8}$R $= \dfrac{5}{4}$R である。

すなわち、P を 1 とすると、Q $= \dfrac{2}{3}$、R $= \dfrac{4}{5}$ である。

このとき、1 が最も大きく、$\dfrac{2}{3}$ が最も小さい。

したがって、$1 \div \dfrac{2}{3} = \dfrac{3}{2}$ なので、$\dfrac{3}{2}$ 倍が正しい。 → 最大÷最少

問題6　解答　F　84 人

💡 まず、徒歩で通学する生徒数を求める

徒歩で通学する生徒数は、$400 \times \dfrac{70}{100} = 280$ 人。 → 総量×割合＝個数

3日目

数

③ 割合と比

29

この中の 30% が女子生徒なので、$280 \times \dfrac{30}{100} = 84$ 人。

問題7　　解答　B　44人

💡 全校生徒は何人になったか

全校生徒数は $400 + 50 = 450$ 人となった。

徒歩で通学するのは、このうちの 72%。

つまり、$450 \times \dfrac{72}{100} = 324$ 人。→ 総量×割合＝個数

もともとの徒歩通学の生徒数は前問より 280 人だったため、

増加分は $324 - 280 = 44$ 人。

これが転校生のうち、徒歩で通学する人数になる。

問題8　　解答　H　150人

💡 まず、アルバイトの数を求める

現在のアルバイトの人数は $500 \times \dfrac{40}{100} = 200$ 人。→ 総量×割合＝個数

このうちの 75% が学生なので、$200 \times \dfrac{75}{100} = 150$ 人。

問題9　　解答　B　$\dfrac{2}{3}$

💡 従業員全体が増えることも忘れずに

増やす前の正社員の人数は $500 \times \dfrac{60}{100} = 300$ 人。→ 全従業員の 60% が正社員

正社員を 100 人増やすと 400 人になり、従業員は全部で 600 人になる。

したがって、$400 \div 600 = \dfrac{400}{600} = \dfrac{2}{3}$ → $\dfrac{\text{正社員の数}}{\text{全従業員の数}}$

問題10　　解答　E　100人

💡 アルバイト数＝正社員数×$\dfrac{3}{4}$

前問より、正社員は 400 人なので、アルバイトの数が $400 \times \dfrac{3}{4} = 300$ 人になればよい。

今のアルバイト数は問題8より 200 人なので、$300 - 200 = 100$ 人増やせばよい。

4日目 その1 集合

▶ 問題は 80～83 ページ

問題1　解答　G　79人

💡 **求めるのは c の数**

学生 100 人は以下のように分類できる。

a　パソコンを持っているが、
　　スマートフォンを持っていない
b　スマートフォンを持っているが、
　　パソコンを持っていない
c　どちらも持っている　→これを求める
d　どちらも持っていない

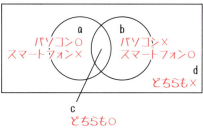

ベン図にするとこうなる

パソコンを持っている学生＝ a ＋ c ＝ 80 人。
スマートフォンを持っている学生＝ b ＋ c ＝ 95 人。
どちらも持っていない学生＝ d ＝ 4 人。→問題文より

学生は 100 人なので、a ＋ b ＋ c ＋ d ＝ 100
上の 3 つの式をすべて足すと、
(a ＋ c) ＋ (b ＋ c) ＋ d ＝ 80 ＋ 95 ＋ 4
(a ＋ b ＋ c ＋ d) ＋ c ＝ 179　→上の式を整理するとこうなる
これに a ＋ b ＋ c ＋ d ＝ 100 を代入する。
100 ＋ c ＝ 179　したがって、c ＝ 79 人。

問題2　解答　F　75人

💡 **求めるのは c の数**

ありうるアンケート結果は、
以下のどれかになる。

a　北海道に行ったことはあるが、
　　沖縄に行ったことがない
b　沖縄に行ったことはあるが、
　　北海道に行ったことがない

ベン図にするとこうなる

4日目　表　①集合

31

c　どちらにも行ったことがある　→これを求める
d　どちらにも行ったことがない

以上a〜dの人数の合計が、アンケートを実施した人数＝150人になる必要がある。
→ a ＋ b ＋ c ＋ d ＝ 150
北海道に行ったことのある人＝a ＋ c ＝ 85
沖縄に行ったことのある人＝b ＋ c ＝ 110
どちらにも行ったことのない人数＝d ＝ 30

以上を足すと、(a ＋ c) ＋ (b ＋ c) ＋ d ＝ 85 ＋ 110 ＋ 30
したがって、(a ＋ b ＋ c ＋ d) ＋ c ＝ 225
a ＋ b ＋ c ＋ d ＝ 150 なので、
これを代入すると、150 ＋ c ＝ 225。
c ＝ 75
したがって、75人。

問題3　解答　H　40人

分数を実際の人数に直す

アンケートの結果は、
以下のどれかになる。
a　ラーメンは好きだが、
　　寿司は好きではない　→これを求める
b　寿司は好きだが、
　　ラーメンは好きではない
c　どちらも好き
d　どちらも好きではない

ベン図にするとこうなる

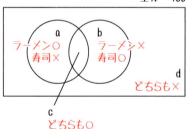

ラーメンが好きな学生は $100 \times \dfrac{16}{25} = 64$ 人で、
これはa ＋ cにあたる。

どちらも好きな学生は24人で、cにあたる。
すなわち、a ＋ c ＝ 64　c ＝ 24
したがって、a ＋ 24 ＝ 64
a ＝ 40 なので、40人。

問題4　解答　A　28人

💡 **求めるのはbだけでないので注意**

寿司が好きな学生はb＋cに相当する。
aは前問より40人。cは問題文より24人。
またdは問題文より、$100 \times \frac{8}{25} = 32$ 人である。
a＋b＋c＋d＝100人なので、40＋b＋24＋32＝100
したがって、b＝4
以上から、b＋c＝4＋24＝28人。

問題5　解答　A　2人

💡 **全体からa、b、cの合計を引けばよい**

起こりうるテストの結果は、以下の通り。

a　国語が75点以上、算数は75点未満
b　算数が75点以上、国語は75点未満
c　国語も算数も75点以上
d　国語も算数も75点未満　→これを求める

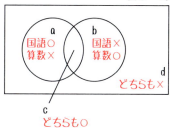

ベン図にするとこうなる

問題文より、国語が75点以上の生徒は、
$40 \times \frac{13}{20} = 26$ 人だが、これはa＋cに相当する。
すなわち、a＋c＝26である。

同様に算数が75点以上の生徒は $40 \times \frac{2}{5} = 16$ 人なので、
b＋c＝16となる。
さらに、国語と算数のどちらも75点以上の生徒は、
$40 \times \frac{1}{10} = 4$ 人なので、
c＝4である。

以上のことから、a＋b＋cは、
国語75点以上(a＋c)と算数75点以上(b＋c)の合計から、

国語も算数も 75 点以上（c）を引けばいいので、→ (a + c) + (b + c) − c

$\qquad\qquad\qquad\qquad\qquad\qquad\qquad\qquad\qquad$ = a + b + c

26 + 16 − 4 = 38 人

a + b + c + d = 40 より、38 + d = 40 → a + b + c = 38

d = 40 − 38 = 2 人。

問題6　　解答　B　22人

💡 a + c の人数から c の人数を引く

前問より a + c = 26、c = 4。

求めたいのは a の人数なので、(a + c) − c を計算すればよい。

26 − 4 = 22 人。

問題7　　解答　B　30人

💡 B 組の全体 − B 組のどちらも 75 点未満

「国語または数学の少なくともどちらかで 75 点以上」とは、

問題 5 でいう a + b + c になる。

80 人のうち、国語も算数も 75 点未満なのは $80 \times \dfrac{3}{20} = 12$ 人。

A 組でどちらも 75 点未満の生徒（d）は、問題 5 より 2 人なので、

B 組でどちらも 75 点未満の生徒は、

12 − 2 = 10 人。

国語または数学の少なくともどちらかが 75 点以上の生徒の数は、

「全体」から「どちらも 75 点未満の生徒数」を引いたものとなるので、

40 − 10 = 30 人。→ 全体 − d = a + b + c

問題8　　**解答**　**G**　207人

💡 表で必要なのは「Pの政策よい」のところだけ

次のように定義する。

政策よい・人柄よい：a

政策よい・人柄よくない：b

政策よくない・人柄よい：c

政策よくない・人柄よくない：d

求めるべきはaの数である。

問題文より、b＝36

また表より、a＋b＝243

したがって、a＋36＝243、a＝207となる。

		よい	よくない
P	政策	243	157
	人柄	345	55

ここから問題文にある36人を引けばよい。
政策よい（243人）－政策よい・人柄よくない（36人）
＝政策よい・人柄よい（207人）

4日目

表

① 集合

問題9　　**解答**　**B**　79人

💡 表で必要なのは「Qの人柄よい」のところだけ

前の問題と同じa〜dを用いる。

求めるべきはaである。

問題文より、c＝40

表より、a＋c＝119

したがって、a＋40＝119、a＝79となる。

		よい	よくない
Q	政策	332	68
	人柄	119	281

ここから問題文にある40人を引けばよい。
人柄よい（119人）－政策よくない・人柄よい（40人）
＝政策よい・人柄よい（79人）

35

4日目 その2 表計算・資料解釈

▶ 問題は 86 〜 89 ページ

問題1　**解答**　G　イ・オ

空欄部分を埋めてから各々を検証する

まず 1 日の注文合計は、330 ＋ 130 ＋ 120 ＋ 140 ＝ 720 件。
　→ タテ軸の合計欄を足す
したがって午後の合計は、720 －（180 ＋ 240）＝ 300 件。
さらに午後のカレーセットの注文数は、300 －（160 ＋ 30 ＋ 60）＝ 50 件。
夜間のトーストセットの注文数は、240 －（110 ＋ 40 ＋ 80）＝ 10 件。
以上をもとに各記述を検討する。

	午前	午後	夜間	合計
ドリンクのみ	60	160	110	330
トーストセット	90	30	10	130
パスタセット	20	60	40	120
カレーセット	10	50	80	140
合計	180	300	240	720

アは×。最も少なかったのはトーストセットである。
イは○。午後は 300 件の注文があり、最も多い。
ウは×。ドリンクのみは 330 件、それ以外は 720 － 330 ＝ 390 件。
エは×。午前が 10 件、午後が 50 件、夜間が 80 件で、夜間が最も多い。
オは○。午後全体で 300 件の注文数のうち、ドリンクのみが 160 件と半分を超えている。

問題2　**解答**　C　5.3 万台

補足事項を使う

土曜日の合計は、4.6 ＋ 8.5 ＋ 1.2 ＝ 14.3 万台。
日曜日の合計はこれより 5000 台（0.5 万台）少ないので、14.3 － 0.5 ＝ 13.8 万台。
したがって、軽自動車数は、13.8 －（7.4 ＋ 1.1）＝ 5.3 万台。

36

問題3　　**解答**　**B**　22%

💡 空欄を1つずつ埋めていく

乗用車数の4日間の合計は、48.7 − (14.2 + 11.3) = 23.2 万台。

したがって金曜日の乗用車数は、

23.2 − (3.7 + 8.5 + 7.4) = 3.6 万台。→ 補足事項から、金曜日の軽自動車数× 2
でも求められる

よって金曜日の合計台数は 1.8 + 3.6 + 5.4 = 10.8 万台。

全体に占める割合は、10.8 ÷ 48.7 = 0.2217... ≒ 22%

空欄を埋めると以下の通り。木曜日の空欄は、問題とは関係ないので、あえて求めなくてもよい。

	木曜日	金曜日	土曜日	日曜日	合計
軽自動車	2.5	1.8	4.6	5.3	14.2
乗用車	3.7	3.6	8.5	7.4	23.2
トラック	3.6	5.4	1.2	1.1	11.3
合計	9.8	10.8	14.3	13.8	48.7

問題4　　**解答**　**D**　8人

💡 国語で9点以下の人数＋算数で9点以下の人数

国語で0～9点なのは、2 + 1 + 1 = 4人。→ 算数は何点でもよい

算数で0～9点なのは、1 + 3 = 4人。→ 国語は何点でもよい

したがって、4 + 4 = 8人。

問題5　解答　E　25人

💡 確実に50点以上の人数＋50点以上の可能性がある人数

	算 数	0~9点	10~19点	20~29点	30~39点	40~50点
国 語						
0~9点			2		1	1 ★
10~19点		1	1	3	★	●
20~29点			4	2 ★	5 ●	3 ●
30~39点		3	1 ★	3 ●	2 ●	2 ●
40~50点		★	4 ●	2 ●	●	●

●は、確実に合計50点以上である。

　→ タテ・ヨコの項目で最も低い点同士を足して50点以上の人数

この人数の合計は、5＋3＋3＋2＋2＋4＋2＝21人。

★は、合計50点以上である可能性がある。

　→ タテ・ヨコの項目で最も高い点同士を足して50点以上の人数

この人数の合計は、1＋2＋1＝4人。

したがって、50点以上だったのは、最大で、21＋4＝25人。

問題6　解答　F　32人

💡 確実な人数＋可能性のある人数。「1科目だけ追試」の表記に注意

	算 数	0~9点	10~19点	20~29点	30~39点	40~50点
国 語						
0~9点			2		1 ●	1 ●
10~19点		1	1	3 ★		
20~29点			4 ★	2 ★	5 ★	3 ★
30~39点		3 ●	1 ●	3 ★	2	2
40~50点			4 ●	2 ★		

38

●は、確実に 1 科目だけ追試となる。→一方の教科が「0 〜 9 点」「10 〜 19 点」、
　　　　　　　　　　　　　　　　　　　　もう一方が「30 〜 39 点」「40 〜 50 点」
この人数の合計は、1 ＋ 1 ＋ 3 ＋ 1 ＋ 4 ＝ 10 人。

★は、1 科目だけ追試となる可能性がある。→どちらかの教科が「20 〜 29 点」
この人数の合計は、3 ＋ 4 ＋ 2 ＋ 5 ＋ 3 ＋ 3 ＋ 2 ＝ 22 人。

したがって求める人数の合計は、10 ＋ 22 ＝ 32 人。

※ 2 教科とも「0 〜 9 点」「10 〜 19 点」の枠に当てはまる生徒は、2 教科とも確
　実に追試を受けるので該当しない。

問題7　　解答　　F　25

💡 増減＋ 17 は、入社のほうが 17 人多いということ
3 年前の入社合計は 56 ＋ 32 ＝ 88 人。
増減が＋ 17 なので、退社合計は入社合計より 17 人少なかったことになる。
したがって、退社合計は、88 － 17 ＝ 71 人。
以上のことから、ア＋ 41 ＋ 5 ＝ 71 が成り立つ。→定年＋中途＋その他
ア＝ 71 －(41 ＋ 5) ＝ 25
したがって、25 が正しい。

問題8　　解答　　E　$\dfrac{10}{3}$

💡 1 年前の中途入社÷ 2 年前の中途入社
2 年前の中途入社の数を求める。
退社合計が 63 で増減が － 6 なので、入社合計は 63 － 6 ＝ 57 人。
新卒入社が 42 人なので、中途入社は 57 － 42 ＝ 15 人。
1 年前の中途入社は 50 人なので、
$50 \div 15 = \dfrac{50}{15} = \dfrac{10}{3}$ 倍になっている。

4日目

表

② 表計算・資料解釈

39

4日目 その3 長文の読み取り計算

▶ 問題は 92 ～ 95 ページ

問題1　**解答**　B　7.1%

2015年度の数字をもとに2014年度の売上高を算出

2014年度の売上高を A とすると、2015年度が 20% 増加して 102 億円だったので、

$x \times \dfrac{120}{100} = 102$　　$x = 102 \times \dfrac{100}{120}$

これを解いて、$x = $ 85 億円。→ 2014年度の売上高

文中より 2014年度の営業利益は 6 億円。

すなわち、売上高 85 億円のうち営業利益は 6 億円だったので、求める値は、

$6 \div 85 = 0.0705... ≒ 7.1\%$。→ 営業利益÷売上高＝営業利益率

問題2　**解答**　C　アは正しいが、イはどちらともいえない

アとイをそれぞれ検証する

アは正しい。

前問より、2014年度の売上高は 85 億円。

店舗数は 120 店だったので、

1 店舗あたりの売上高は、85 億÷ 120 ＝ 0.7083... 億円　→ 売上高÷店舗数

2015年度の売上高は 102 億円。

店舗数は 138 店だったので、

1 店舗あたりの売上高は、102 億÷ 138 ＝ 0.7391... 億円。

したがって、2015年度のほうが 1 店舗あたりの売上高は大きい。

　　→ いくら大きいかまで求める必要はない

イはどちらともいえない。

アルバイト店員の数については、2014年度、2015年度ともに具体的な数値があげられていないので、わからない。

したがって、正しいとも誤っているともいえない。

問題3　　**解答**　　**E**　4億8000万トン

💡 3か国で全世界の70%を占めている

P国1億5400万トン、Q国9900万トン、R国8200万トンなので、
3か国の合計は、

1億5400万＋9900万＋8200万＝3億3500万トン。

これが全世界の70%を占めるので、全世界の生産高をxとすると、

$$x \times \frac{70}{100} = 3億3500万トン$$

$$x = 3億3500万 \times \frac{10}{7}$$

これを解くと、4億7857万1428...トン。
したがって、4億8000万トンが最も近い。

問題4　　**解答**　　**D**　イ・ウ

💡 表を使って検証すると速い

次のような表をつくって考える。
なお、赤の数字は、文中の数字から割り出したものである。

	生産高	国内需要	過不足分
P国	15400	16600	− 1200
Q国	9900	12100	− 2200
R国	8200	6000	2200 → R国の生産余剰分でP国・Q国 どちらかの不足分はまかなえる

アは×。P国・Q国とも不足しているので、合計してもまかなえない。
イは○。R国の生産余剰分(2200)で、P国の不足分(−1200)はまかなえる。
ウは○。R国の生産余剰分(2200)で、Q国の不足分(−2200)はまかなえる。
エは×。R国の生産余剰分(2200)に対して、他の2か国の不足分は、

1200＋2200＝3400であるからまかなえない。

したがって、イ・ウのみが正しい。

4日目

表

③ 長文の読み取り計算

41

5日目 その1 論理

▶ 問題は 98〜99 ページ

問題1 **解答** **E** ウが正しければアは必ず正しい

💡 一方がもう一方に含まれるものが正しい

まず、選択肢 A について考える。記述アは、選んだ数が 3・4・5・6 のいずれかであることを示している。
一方でイは、選んだ数が 1・3・5 のいずれかであるとしている。
ということは、アが正しいからといって、イが正しいとは限らない（4・6 の場合はイが成立しない）。
したがって、選択肢 A は誤り。ちなみにこのときの 4・6 を、選択肢 A の「反例」という。→ アにあってイにないもの

一方で選択肢 E について考えてみる。記述ウは、選んだ数が 3・6 であることを示している。
一方でアは、3・4・5・6 であることを示す。
このとき、選んだ数が 3・6 のいずれかなら、3・4・5・6 のいずれかであるという関係が成り立つ。
よって、選択肢 E は正しいといえる。

それぞれの選択肢と反例についての検討は次の通り。

選択肢	条　件	反 例
A	ア (3・4・5・6) →イ (1・3・5)	4・6
B	ア (3・4・5・6) →ウ (3・6)	4・5
C	イ (1・3・5) →ア (3・4・5・6)	1
D	イ (1・3・5) →ウ (3・6)	1・5
E	ウ (3・6) →ア (3・4・5・6)	なし（成立する）
F	ウ (3・6) →イ (1・3・5)	6

したがって、E が正解。

問題2　　**解答**　**A E F**

💡 一方がもう一方に含まれるものが成立する

前問と同様に、反例を見つけていく。反例がなければ、選択肢の記述は成立する。

選択肢	条　件	反　例
A	ア (2・4) → イ (2・4・6)	なし (成立する)
B	ア (2・4) → ウ (4)	2
C	イ (2・4・6) → ア (2・4)	6
D	イ (2・4・6) → ウ (4)	2・6
E	ウ (4) → ア (2・4)	なし (成立する)
F	ウ (4) → イ (2・4・6)	なし (成立する)

以上から、正しいのは A・E・F の 3 つである。

問題3　　**解答**　**C　ウのみ**

💡 官僚が少なくとも 2 人いるところから探る

官僚は少なくとも 2 人いるので、議員と弁護士の合計は最大で 9 人。
このうち、議員が弁護士の半分になるのは、以下の A・B の 2 通り。

パターン	議員	弁護士	官僚
A	2	4	5
B	3	6	2

これを踏まえて記述を検討する。
アは、パターンBに反する。→ パターン B は官僚より弁護士のほうが多い
イは、パターンBに反する。→ パターン B は官僚より議員のほうが多い
ウは、必ず正しい。
したがって、ウのみが正しい。→ ア・イが反するので、
　　　　　　　　　　　　　選択肢 D 以降もすべて間違い

5日目

推論1

① 論理

43

| 問題4 | 解答 | **D** ア・イ |

💡「5人以下」を条件に考えられる組み合わせをあげる

どの職業も5人以下なので（2人以上）、考えられる組み合わせは、以下の3つである。
ただし、どの職業が何人かは、条件からは決定できない。

パターンC　5・4・2
パターンD　5・3・3
パターンE　4・4・3

これを踏まえて選択肢を検討する。

アは、パターンCの場合にありうる。→パターンC：5・**4・2**

イは、パターンD・Eの場合にありうる。→パターンD：5・**3・3**/パターンE：4・4・**3**
ウは、どのパターンにもそうなる可能性がない。
したがって、ア、イに正しい可能性がある。

5日目 その2 順位

▶ 問題は 102 〜 105 ページ

問題1　　解答　C　R

💡 まずは T の発言から検証する

問題文から直接わかるのは次の通り。
T の発言から、T は 1 位である。
このとき、P と R の発言から、P は Q の 1 つ前の順位で、R は Q の次だったことがわかる。したがって、P − Q − R という順番が決まる。
また Q の発言から、S がこの 3 人より上である。→ S − P − Q − R
U の発言から、U がこの 3 人より下であることがわかる。→ P − Q − R − U

以上から、2 位以下の考えられる順位は、S − P − Q − R − U となる。
1 位を合わせると、T − S − P − Q − R − U が正しい。
よって、5 位は R。

問題2　　解答　F　U

💡 P を起点にして考える

4 つの条件に、上から順に a 〜 d の記号を付す。

条件 a より、S − P − Q となる。
条件 b より、P − U − T となる。
条件 c より、Q − U となる。
条件 d より、T − R となる。

これらをみると、P に負けたのが少なくとも 4 人いる（Q・U・T・R）。
　→ R は T より遅く（条件 d）、T は P より遅い（条件 b）ので、R も P より遅い
　　ことになる。
したがって、P は 2 位、S は 1 位が確定。→ S − P
また、Q − U（条件 c）、U − T（条件 b）、T − R（条件 d）より、
3 位以下も Q − U − T − R で確定。
したがって、S − P − Q − U − T − R の順となる。
したがって、4 位は U。

問題3　　**解答**　　**F**　S、64点

💡 得点の確定している Q を起点にして考える

Q が 56 点なので、R は 56 × 2 − 32 = 80 点。→ R の発言より
したがって、Q と R の合計点は 56 + 80 = 136 点。
S の発言より、S = P − 8 であり、条件より S + P = 136 なので、
(P − 8) + P = 136　これを解くと P = 72 点。→ 2P = 136 + 8　P = 72
したがって、S は 72 − 8 = 64 点。→ S の発言より
以上のことから、得点と順位は次のように決まる。

	得点	順位
P	72	2
Q	56	4
R	80	1
S	64	3

よって、3 位は S で 64 点。

問題4　　**解答**　　**E**　ア・ウ

💡 各々の条件を図示してから順位づけしていく

上から順に 5 つの条件を図示すると、次の通りとなる。
a　P > S
b　Q > R
c　Q > ● > T
d　S > U
e　P > ● > R

このとき、条件 b・c・e を合わせて考えると、
P > Q > R > T、もしくは Q > P > T > R しかありえない。
前者の場合は、次の 1 通り。
P > Q > R > T > S > U
後者の場合は、S・U を入れる場所がない（どうやっても Q が 1 位になり、条件 b
に反する）ため、誤り。
したがって、順位は P > Q > R > T > S > U となる。ア・ウが正しい。

46

| 問題5 | 解答 | **F** | 6位 |

| 問題6 | 解答 | **A** | P |

午前・午後、それぞれの順位の組み合わせを考える

キーになるのは、「午後のレースで1位になったのはRで、最下位になったのはQだった」という条件。→ キーになる条件を見つけ出すのもコツ

さらに「Rは午後のレースで午前より2つ順位を上げた」ので、
Rは午前3位・午後1位。

また「Qは午後のレースで午前より1つ順位を下げた」ので、
Qは午前5位・午後6位。

これを表にすると以下の通り。

	午前	午後
P		
Q	5	6
R	3	1
S		
T		
U		

条件より、Uは午後のレースで午前より順位を4つ下げている。
よって午前1・午後5、午前2・午後6のどちらかが考えられる。
ただし、午後の6位はQで確定しているので、
Uの順位は午前1・午後5で確定。

	午前	午後
P		
Q	5	6
R	3	1
S		
T		
U	1	5

条件より、Sは午後のレースで午前より順位を1つ下げている。

よって午前1・午後2、午前2・午後3、午前3・午後4、午前4・午後5、

午前5・午後6、がありうる。

ただし、午後5位はU、午後6位はQ、午前1位はU、午前3位はRなので、

Sの順位は午前2・午後3で確定。

	午前	午後
P		
Q	5	6
R	3	1
S	2	3
T		
U	1	5

条件より、Pは午前も午後も同じ順位だが、ありうるのは4位しかない → 問題6の答え

(午前で残っている順位は4位と6位、午後で残っている順位は2位と4位)。

最後に残ったTが、午前6位・午後2位となる。 → 問題5の答え

	午前	午後
P	4	4
Q	5	6
R	3	1
S	2	3
T	6	2
U	1	5

48

5日目 その3 位置関係

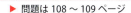

▶ 問題は 108〜109 ページ

問題1　**解答**　**A** P

💡 **隣り合っている者から決めていく**

図の席に、a〜fまでの記号を付す。

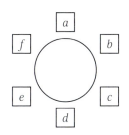

RとUが決められるので、a をRとする。したがって、f がUとなる。
　→ 席はどこからでも構わないので、わかりやすく、a をRにした。

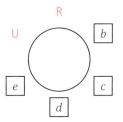

このとき、S・Qの隣り合っている位置は、b・c、c・d、d・e のいずれかである。
ただし、b・c もしくは d・e の場合、条件①を満たすことができない（残りの席でPとTが隣り合ってしまう）。
したがって、S・Qは c・d、もしくは d・c である。

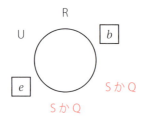

以上から、P・Tはb・eに決まる。
そして条件②より、Pがb、Tがeである。→ 条件②：PとUは隣り合っていない
条件①～④から、S・Qがc・dのいずれかは決定できない。
　→ 必ずしもすべて決まるとは限らないので注意

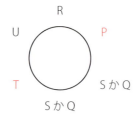

よって図の通り、Rの左隣はPで確定。

問題2　**解答**　**D**　ア・イ

正しい「可能性」があればよい
アは正しい可能性がある。
イは正しい可能性がある。
ウは、Rの向かいはSかQなので、正しい可能性はない。
したがってア・イ。

問題3　　**解答**　**B**　イのみ

まずは各々の店舗が南側か北側かを整理する

条件eより、弁当屋は南側。また花屋が北側なので、条件aより花屋と隣り合っている精肉店も北側。

さらに、条件dより雑貨屋も北側。

それ以外は南側なので、次のように整理できる。

北側……花屋・精肉店・雑貨屋
南側……弁当屋・酒屋・八百屋

条件cより、雑貨屋はAで確定。→ 条件c　雑貨屋は西端にある
また条件bより、弁当屋はEで確定。
　→ 酒屋と八百屋は隣り合っていないので、間が弁当屋になる
それにより、条件eより花屋はB。→ 条件e　花屋は弁当屋の道を挟んだ向かい
さらに条件aより精肉店はC。→ 条件a　花屋と精肉店は隣り合っている
決定できるのはここまでである。八百屋と酒屋の位置関係はわからない。どちらかがD、もう一方がFである。→ 必ずしもすべて決まるとは限らないので注意

北

A 雑貨屋	B 花屋	C 精肉店

西　　　　　　　　　道路　　　　　　　　東

D 酒屋か 八百屋	E 弁当屋	F 酒屋か 八百屋

南

これをもとにア～ウを検証する。

アは必ず正しいとはいえない。Dが酒屋のときは正しいが、Dが八百屋のときは正しくない。
イは必ず正しい。八百屋がDとFのどちらであっても、弁当屋の隣である。
ウは正しくない。花屋と雑貨屋は隣り合っている。

5日目

推論1

③位置関係

6日目 その1 勝敗

▶ 問題は 112 〜 113 ページ

問題1　**解答**　**F　イ・ウ**

💡「PとRの勝敗が同じ」というのがポイント

次のような対戦表で考える。→問題文からざっとわかることを記しておく

	P	Q	R	S	対戦成績
P	\	×		×	
Q	○	\		×	
R			\	×	
S	○	○	○	\	3勝0敗

問題文から、PはQ・Sに少なくとも2敗しているが、PがRにも負けていれば
0勝3敗となり、→RはPに勝つので少なくとも1勝となる
勝敗でRと並ぶ可能性がなくなる。＝最初の条件に合わない
したがって、PはRに勝って1勝2敗になったはず。

ここで、RはPとSに負けているため、勝敗がPと並ぶためには、Qに勝っていなければならない。
したがって、RはQに勝って1勝2敗になった。
この結果、Qも1勝2敗になった。

	P	Q	R	S	対戦成績
P	\	×	○	×	1勝2敗
Q	○	\	×	×	1勝2敗
R	×	○	\	×	1勝2敗
S	○	○	○	\	3勝0敗

以上から、それぞれの記述をみると、アは誤り、イ・ウは正しい。

問題2　　**解答**　**A**　アのみ

💡 P に引き分けがないのがポイント

対戦表を使って考える。問題文からざっとわかるのは以下の通り。

	P	Q	R	S	対戦成績
P		○			2 勝 1 敗
Q	×		△	△	0 勝 1 敗 2 分　→ 勝敗結果から Q の勝敗数も決まる
R		△			
S		△			

問題文より、R も 0 勝 1 敗 2 分である。→ Q と R の勝敗数は同じ
したがって、R は P か S に負けているが、S に負けていたら P とは引き分けに
なり、P には引き分けがないという条件に反する。→ P は 2 勝 1 敗
したがって、R は S と引き分け、P には負けていた。
したがって、P は R に勝ち、S に負けた。

	P	Q	R	S	対戦成績	ポイント
P		○	○	×	2 勝 1 敗	10
Q	×		△	△	0 勝 1 敗 2 分	6
R	×	△		△	0 勝 1 敗 2 分	6
S	○	△	△		1 勝 0 敗 2 分	11

これをもとに記述をみると、アには S が該当するので正しく、イ、ウは誤り。

問題3　　**解答**　**B**　イのみ

💡 順位はポイント数で決まることに注意

アは誤り。11 ポイントである。
イは正しい。最も勝利数が多かったのは P だが、1 位ではなかった。
ウは誤り。6 ポイントである。

6日目 その2 対応

▶ 問題は 116～119 ページ

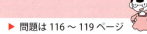

問題1　解答　G　ウ・エ

まずは大学生である3人を見つけ出す

3つの条件に上から順にa～cの記号を付す。

条件aより、P・Q・Tのうち大学生は1人なので、それ以外のR・Sは2人とも大学生であることがわかる。
R・Sが大学生なので、条件bより、Qは大学生ではない。

	条件a	条件b
P	△	
Q	△	×
R	○	○
S	○	○
T	△	

そしてQが大学生でなく、Sが大学生なので、条件cより、Tは大学生である。
よって、大学生はR・S・Tの3人。

そして条件aより、Tが法学部であることがわかる。→ 条件aのP・Q・Tのうち大学生はTのみ
そのため条件cより、Sが文学部である。→ Tは法学部なので残る大学生Sは文学部
最後に条件bより、Rが経済学部である。
したがって、ウ・エが正しい。

問題2　解答　D　ア・イ

数学担当が2人いることに注意

4つの条件に上から順にa～dの記号を付す。
問題文からわかるのは次の通り。条件aで、Q・R・Tが英語担当でないことに注目する。さらに条件b、dから、漢文でも古文でもないQは数学で確定。

	数学	英語	古文	漢文
P				
Q	○	×	×	×
R	×	×		
S	×			×
T		×		

これ以上は問題文からは決められないので、場合分けをする。
場合分けは、できるだけ選択肢が限られるものを選ぶのが基本。
英語担当はPかSの2通りしかないので、これを基準とする。

I　英語担当がPの場合

数学担当がTで確定。
そのため漢文がR、古文がSとなる。→Sは英語か古文の枠しかないので

	数学	英語	古文	漢文
P	×	○	×	×
Q	○	×	×	×
R	×	×	×	○
S	×	×	○	×
T	○	×	×	×

II　英語担当がSの場合

それ以外は特に何も確定しない。数学・古文・漢文をP・R・Tのいずれかが、
それぞれ担当する。

	数学	英語	古文	漢文
P		×		
Q	○	×	×	×
R	×	×		
S	×	○	×	×
T		×		

アはIIの場合に可能性がある。
イはIの場合に正しい。IIの場合も可能性がある。
ウは可能性なし。条件よりQは数学担当に確定している。

6日目

推論2

② 対応

55

問題3　　**解答**　**C**　3人

P を営業部、経理部に場合分けして考える

4つの条件に、上から順にa〜dの記号を付す。

条件bより、Qは経理部でRは営業部である。

条件aより、PとSは部署が異なるため、どちらかが営業部でどちらかが経理部。

ちなみにPは1年目。

条件cより、経理部は3人いるので、いずれにせよTは経理部である。

→ 経理部の1人は条件bよりQ。

経理部のもう1人は条件aより、PとSのどちらか

条件dより、営業部の2人は年次が異なる。

以上より、下の表になる

	営業部	経理部	1年目	2年目
P			○	×
Q	×	○		
R	○	×		
S				
T	×	○		

以上を踏まえて場合分けする。

I　P が営業部の場合

条件aより、Sは経理部に決まる。

条件dより、Pが1年目なのでRは2年目。

条件bより、QとRは年次が異なるので、Qは1年目。

条件cより、経理部の1年目は1人 (Q) なので、SとTは2年目となる。

	営業部	経理部	1年目	2年目
P	○	×	○	×
Q	×	○	○	×
R	○	×	×	○
S	×	○	×	○
T	×	○	×	○

Ⅱ　Pが経理部の場合

条件 a より、S は営業部に決まる。
条件 c より、経理部に 1 年目は 1 人 (P) なので、Q と T は 2 年目。
条件 b より、Q と R は年次が異なるので、R は 1 年目。
条件 d より、営業部に 1 年目は 1 人 (R) なので、S は 2 年目。

	営業部	経理部	1年目	2年目
P	×	○	○	×
Q	×	○	×	○
R	○	×	○	×
S	○	×	×	○
T	×	○	×	○

表の通り。いずれの場合も 3 人。

問題4　**解答**　**J**　ウ・エ

 Ⅰ・Ⅱのどちらとも該当しないものを選ぶ

アは I の場合に正しい。→ T が経理部、P が営業部になる
イは Ⅱ の場合に正しい。→ おたがい 2 年目になる
ウは正しい可能性はない。
エは正しい可能性はない。

問題5　**解答**　**D**　ア・イ

Ⅰ・Ⅱのどちらかが該当すればよい

アは Ⅱ のとき、T は 2 年目なので正しい可能性はある。
イは I のとき、Q は 1 年目なので正しい可能性はある。
ウは I のとき、S は 2 年目なので誤り。
したがって、ア・イが正しい。

7日目 その1 二語関係

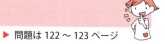

▶ 問題は 122 〜 123 ページ

問題1　解答　C　ウのみ

包含の関係（A は B の一種）を選ぶ
「イスラム教は宗教の一種である」という文がつくれる。

アは誤り。「スポーツは野球の一種である」とはいえない。逆のパターンである。
　→ B は A の一種（野球はスポーツの一種）
イは明らかに誤り。
ウは正しい。「走り高跳びは陸上競技の一種である」といえる。

問題2　解答　A　アのみ

要素の関係（A は B を構成する要素の 1 つ）を選ぶ
「エンジンは自動車を構成する 1 つの要素である」という文がつくれる。

アは正しい。「ストレージは携帯電話を構成する 1 つの要素である」といえる。ストレージとは記憶媒体のことで、OS や電話帳などのデータを格納しておく部分のこと。
イ・ウは明らかに誤り。→ イは包含の関係。ウは並列の関係

問題3　解答　G　ア・イ・ウ

同義語の関係（A は B と同じ）を選ぶ
「アジェンダとは議題のことである」という文がつくれる。この 2 つは同じ意味。「今日の先方との打ち合わせのアジェンダは……」などと用いる。

アは正しい。「この件はペンディングになりました」などと用いる。
イは正しい。「必要に応じて他社とアライアンスを組む」などと用いる。
ウは正しい。「コンプライアンスが守られているかどうかはきちんと検証すべき」などと用いる。

問題4　**解答**　**E**　ア・ウ

💡 対義語の関係（AとBは反対の意味）を選ぶ

「固定」と「浮動」は対義語。

アは正しい。「一瞥」は、一瞬ちらっと見ること。「凝視」は目を凝らして見つめること。したがって、対義語の関係。
イは誤り。「解雇」は会社をクビになること。「出向」は元の会社に在籍したままで別の会社に勤務すること。したがって、両者は対義語の関係ではない。
ウは正しい。「警戒」と「油断」は対義語の関係。

問題5　**解答**　**C**　ウのみ

💡 同義語の関係（AとBは同じ意味）を選ぶ

「次第」は、順番・順序のこと。したがって、問題文は同義語の関係にある。

アは誤り。「応募」と「募集」は対義語。
イは誤り。「委細」は細かい事情のことで、「詳細」と同義。「概略」は大まかな事情のことで「概要」と同義。したがって、対義語。
ウは正しい。「凋落」は衰えてみじめになること、落ちぶれること。「落魄（らくはく・らくたく）」も同義。それ以外に「没落」「零落」も同義語にある。

問題6　**解答**　**C**　ウのみ

💡 並列の関係（AもBも～の一種）を選ぶ

「形容詞も副詞も品詞の一種」という文がつくれる。

アは誤り。「名古屋市は愛知県に含まれる」で包含の関係 → BはAに含まれる
イは誤り。「岐阜県は中部地方に含まれる」で包含の関係 → AはBに含まれる
ウは正しい。どちらも都道府県の一種なので、並列の関係といえる。

7日目

言語

① 二語関係

59

問題7　　**解答**　**A**　アのみ

💡 包含の関係（AはBの一種）を選ぶ

「にんじんは根菜の一種」という文がつくれる。包含関係。根菜は主に根を食する野菜で、にんじんのほかに、大根やごぼうなどもある。

アは正しい。「かぼちゃは果菜の一種」といえる。果菜は主に果実を食する野菜で、かぼちゃのほかに、トマトやピーマン、きゅうりなどもある。
イは誤り。「しょうがはいも類の一種」とはいえない。しょうがは根菜の一種。
ウは誤り。「いんげんは葉菜の一種」とはいえない。豆類の一種である。葉菜は主に葉を食する野菜で、ほうれん草、小松菜、チンゲン菜などがある。

問題8　　**解答**　**B**　イのみ

💡 役割の関係（AはBをするためのもの）を選ぶ

「マッチは点火するためのもの」という文がつくれる。

アは誤り。「ピアノは調律するためのもの」とはいえない。ピアノは演奏するためのものである。調律とは、ピアノの鍵盤の音程を調えること。
イは正しい。「指輪は装飾するためのもの」といえる。
ウは明らかに誤り。→ 同義語の関係

60

7日目 その2 語句の意味

▶ 問題は 126 〜 127 ページ

問題1　**解答**　**A**　閑散

A「閑散（かんさん）」が正しい。「街が閑散としている」などと用いる。

B「静粛（せいしゅく）」も静かな様子を表すが、これは式典などで大人数がいても、あえて静かにしている、という意味で、少しニュアンスが異なる。

C「秘匿（ひとく）」は、秘密にしておくこと。隠すこと。

D「凄惨（せいさん）」は、いたましいこと。むごたらしいこと。

E「奏効（そうこう）」は、効果が現れること。「風邪薬が奏効した」などと用いる。よく似た言葉に「奏功」がある。これは、業績や功績をあげることで、使い分けに注意。

問題2　**解答**　**C**　臆面

C「臆面（おくめん）」が正しい。どちらかというと否定句で、「臆面もなく（＝気後れした様子もなく）」と用いることが多い。

A「白面（はくめん）」は、すがお。色白の顔。若く経験が浅いこと。

B「立面（りつめん）」は、正面、側面などから水平に見た形。

D「渋面（じゅうめん・しぶづら）」は、不満そうな顔つきのこと。

E「赤面（せきめん）」は、恥ずかしくて顔を赤らめる様子。

問題3　**解答**　**B**　旺盛

B「旺盛（おうせい）」が正しい。食欲旺盛などと用いる。

A「従容（しょうよう）」は、ゆったりと落ち着いている様子。

C「活発（かっぱつ）」は、気力や精力というより体力が盛んな様子。
　→ ニュアンスの違いに注意

D「闊達（かったつ）」は、細かいことにこだわらない度量の大きい様子。

E「逸足（いっそく）」は、足が速いこと。また、すぐれた能力を持っている人のこと。

7日目

言語

②語句の意味

61

問題4　**解答**　**A**　均斉

A「均斉（きんせい）」が正しい。「均整」とも書く。似た言葉に「均衡（きんこう）」
　があるが、「均斉」は「均斉のとれた造形」のように、実際に形のあるものに対
　して用いる。「均衡」は「たがいの勢力が均衡している」のように、実際には形
　のない抽象的なものに対して用いる。
B・Cは明らかに誤り。
D「画然（かくぜん）」は、明確な区別がある様子。「従来品とは画然異なる」など
　と用いる。
E「立錐（りっすい）」は、錐（きり）を立てること。「立錐の余地もないほどの（＝
　錐を立てるための余裕もないほどの）人だかり」などと用いる。

問題5　**解答**　**B**　羞恥

B「羞恥（しゅうち）」が正しい。「羞恥心がない」などと用いる。
A「慙愧（ざんき）」は、自分の欠点や至らなさに対する申し訳なさ、といったニュ
　アンス。ときとして「羞恥」の同義語とされることもあるが、微妙に異なる。慚
　愧とも書く。
C「遺憾（いかん）」は、残念に思うこと。「遺憾に思う」などと用いるが、謝罪の
　意味は含まれない。頻出語なので要注意。
Dは、明らかに誤り。
E「辟易（へきえき）」は、うんざりする様子。

問題6　**解答**　**B**　詮議

B「詮議（せんぎ）」が正しい。
A「議論」、C「討議」は同意語で、さまざまな意見をぶつけあうことだが、問題文
　にある「物事を明らかにする」というニュアンスはない。
D「吟味（ぎんみ）」には、大人数で行うというニュアンスがない。
E「検収（けんしゅう）」は、納品されたものが発注に見合っているかどうかを確認
　して受領すること。

| 問題7 | 解答 | **E** 拘泥 |

E「拘泥（こうでい）」が正しい。
A「捕捉（ほそく）」は、ものごとをつかまえる、とらえること。
B「因襲（いんしゅう）」は、古くから続いているしきたり。「因習」とも書く。
C「強情（ごうじょう）」は、意地を張って自分の考えを変えないこと。頑固。
D「虜囚（りょしゅう）」は、捕虜。とらえられた人。

| 問題8 | 解答 | **C** 豊沃 |

C「豊沃（ほうよく）」が正しい。「豊沃な大地」などと用いる。
A・Dは明らかに誤り。
B「広漠（こうばく）」は広々とした様子、E「荒涼（こうりょう）」は荒れ果
　てた風景が広がる様子を表すが、どちらも問題文の「作物がよく育つ」とい
　う意味はない。

| 問題9 | 解答 | **E** 憧憬 |

E「憧憬」が正しい。「しょうけい」「どうけい」という読み方がある。
A・Bは明らかに誤り。
C「夢想」は夢に見ること。
D「羨望（せんぼう）」はうらやましく思うこと。「羨望のまなざし」などと用いる。

| 問題10 | 解答 | **B** 渇望 |

B「渇望（かつぼう）」が正しい。喉が渇いたときに水を欲するほどの強い願い
　のこと。同義語に「鶴望（かくぼう。鶴のように首を長くして望むこと）」「切
　望（せつぼう。切に心から望むこと）」などがある。
A「威望（いぼう）」は、威光も人望もある人のこと。「社長は威望の人だった」
　などと用いる。
C「声望（せいぼう）」は、世間の評判や名声のこと。

7日目

言語

②語句の意味

D「遠望（えんぼう）」は、遠くを見渡すこと。

E「一望（いちぼう）」は、すべてを見渡せること。「スカイツリーの展望台は東京を一望できる」などと用いる。

問題11　**解答**　**B**　寸隙

B「寸隙（すんげき）」が正しい。「寸隙を縫って前進する」などと用いる。

A・Cは明らかに誤り。

D「刮目（かつもく）」は目をこすってよく見ること。「刮」はこすることを意味する。

E「亀裂（きれつ）」は硬いものにできる割れ目。裂け目。

問題12　**解答**　**D**　頒布

D「頒布（はんぷ）」が正しい。

A・B・Cは明らかに誤り。

E「散乱（さんらん）」は、そこらじゅうに散らばっている様子。

7日目 その3 文章整序

▶ 問題は 130〜131 ページ

問題1　解答　F　カ

まずは簡単につながる部分を探そう

オ「ともすれば」という言葉がどこにつながるのかがポイント。これは「ややもすると」「場合によっては」「ときにより」といった意味になる。

これ以外の部分は簡単に解ける。ア「教義に基づく」カ「厳しい戒律」、エ「戒律を守るかは」、ウ「個人の裁量」、でそれぞれつながる（ついでにイもカの後にくるのがわかるので、ア・カ・イという流れができる）。

あとはオ「ともすれば」をアの前、イのあとのどちらに入れるべきかという問題だが、イのあとだと最後の少なくないという言葉と意味が重なってしまう。したがって、アの前に入れるのが自然な流れになる。

よって、オ・ア・カ・イ・エ・ウの順になる。

問題2　解答　C　ウ

指示語に着目して、展開を考えていこう

エ「こうした問題」、オ「こうした意識」、カ「こうした変化」、キ「それらの例」あたりが参考になる。

エ「こうした問題」とは、さまざまな施策のもととなる問題、ということ。本文中で適合するのは、少子化問題の具体例を挙げた冒頭文である。したがって、エが最初。

となると、キ「それらの例」とは、少子化問題に対するさまざまな施策の例であろう。したがって、エの次にキがくる。→エ・キ

次にオ「こうした意識」について。「きっぱり決別し」とあるから、これは少子化問題の解決に逆行する、ブレーキをかける意識であることが想像できる。選択肢ではウが適合する。したがって、ウ・オという流れができる。

それ以外の選択肢をみると、イはエ・キのグループに入るべきで、エ・キ・イという流れができる。またアは、ウの部分と関わりが深いので、ウ・ア・オとなる。カは、エ・キ・イの流れとウ・オ・アの流れをつなぐと考えられる。
よって、エ・キ・イ・カ・ウ・ア・オという順になる。

7日目 その4 長文読解

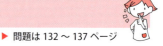

▶ 問題は 132〜137 ページ

問題1　解答　B　D

筆者の主張は、最後の段落に集約されている。

11行目の「美とは自然の本性の現れ」に注目。これが筆者の中結論であり、18行目「人間の理想的な表現は、自然の本性の現れ（＝美）」につながっている。

一方で、表現とは「人間の精神現象が物質的に表面に現れること」である（12行目）。また、第2段落をまとめると芸術とは、美を内包した表現である。
すなわち、「人間の精神現象が物質的に表面に現れたとき、そこに美が含まれていれば、それを芸術と呼ぶ」という流れができる。

まとめると、次のとおり。
美＝自然の本性の現れ
芸術＝美を内包する表現
表現＝人間の精神現象が物質的に表面に現れること
精神現象…意識的なものと反射的なものがある

ここまでくれば、B・Dが正解なのは明らか。

問題2　解答　A

ここでの文脈は以下の通り。

我が国は湿潤で温暖な気候
→ さまざまな植物が繁茂しやすい
→ 植栽した木の成長が、他の植物に阻害される可能性がある★
→ そうならないために、下刈りやつる切りが必要

この一連の論理展開で、空欄aは★マークのあたりに該当する。これが読み取れれば、正解はAに決まる。

問題3　**解答**　**A　小さくなっていく**

空欄 b の直前（22 行目以降）に、枝葉の大きさが一緒なら光合成の量も一緒（獲得できる栄養素も一緒）だと述べている。一方で樹木は生長するものなので、本来は成長に合わせた量の栄養素が必要なはず。人間でいうと、幼児の頃なら充分だった食事量が、少年、青年と成長するにつれて足りなくなってくるのと同じ。
つまり、光合成の量が一緒ということは、樹木が必要とする栄養素が足りないということ。そうなると当然、幹の直径も小さくなっていく。

よって、正解は A である。

問題4　**解答**　**C　日光がなければ植物は充分に育たない。**

この部分が指摘しているのは、樹木が成長し枝葉が伸びると、森林の地面には日が当たらなくなってしまうため、背の低い植物が育たないことがありうるが、余分な枝葉を切る（間伐する）ことによって、地面にも日光が届き、背の低い植物もちゃんと成長する、という趣旨。
つまりここでは、日光があれば植物は育つ（日光がなければ植物は育たない）、ということを前提として論じられている。

問題5　**解答**　**D　ア・イ**

アは正しい。16 行目以降参照。植栽木が他の植物によって被圧（圧力を受けること）され、充分に生育できないことになるとある。
イは正しい。2 行目以降参照。能動的な行為とは、本文中にいう「人間の働きかけ」と同視していい。
ウは誤り。38 行目以降参照。萌芽更新とは、一度切った木からまた幹が伸び、枝葉が生えてくること。それに対して、人間の手入れが不要とはどこにも述べられていない。

したがって、ア・イが正しい。

7日目

言語

④　長文読解

模擬	非言語

▶ 問題は 140 ～ 149 ページ

問題 1 　　解答　 B　3 回目

💡 **分割払い：x 回目の支払いで残額が半分になると仮定する**

最初に総額の $\dfrac{5}{13}$ を支払っているので、残額は $1 - \dfrac{5}{13} = \dfrac{8}{13}$

これを 12 回の分割払いにするので、1 回あたりの支払額は、

$\dfrac{8}{13} \div 12 = \dfrac{8}{13} \times \dfrac{1}{12} = \dfrac{2}{39}$ 。

x 回目の支払いで残額が半分になるとすると、

$\dfrac{5}{13} + \left(\dfrac{2}{39} \times x \right) = \dfrac{1}{2}$ が成り立つ。

これを解く。

$\dfrac{5}{13} + \dfrac{2}{39} x = \dfrac{1}{2}$ 　　$\dfrac{2}{39} x = \dfrac{13}{26} - \dfrac{10}{26}$

$\dfrac{2}{39} x = \dfrac{3}{26}$ 　　$x = \dfrac{3}{26} \times \dfrac{39}{2} = \dfrac{117}{52}$

$x = 2.25$ 　→ 2.25 回目で $\dfrac{1}{2}$ になる

すなわち、2 回目ではまだ $\dfrac{1}{2}$ に届かず、3 回目で届くことになる。

問題 2 　　解答　 D　15%

💡 **損益算：まずは原価を求める**

原価を x とすると、$x + \dfrac{25}{100} x = \dfrac{125}{100} x$ → これが定価として成り立つ

問題文より、$\dfrac{125}{100} x = 1600$ 。→ $x = 1600 \times \dfrac{100}{125} = 1280$

すなわち、原価は 1280 円である。
これが最終的に 80 円の利益を得たので、売価は 1280 + 80 = 1360 円。
定価は 1600 円なので、売価が 1360 円ということは、
割引率を y とすると、
$1600 \times (1 - y) = 1360$ が成り立つ。→ $-1600y = 1360 - 1600$
これを解くと、$y = 0.15$。すなわち、定価より 15% 割り引いたことになる。

問題3　**解答**　**A**　5通り

💡 **組み合わせ**：$_nC_r = \dfrac{n \times (n-1) \times (n-2)\cdots}{r \times (r-1) \times (r-2) \times \cdots 1}$ の公式を使う

数札5枚の中から4枚を引くので、$_5C_4 = \dfrac{5 \times 4 \times 3 \times 2}{4 \times 3 \times 2 \times 1} = 5$ 通り。

問題4　**解答**　**D**　21通り

💡 **組み合わせと確率：絵札3枚の確率＋絵札4枚の確率**

絵札が3枚の場合と4枚の場合が考えられる。

・**絵札3枚の場合**

絵札4枚の中から3枚を選ぶので、$_4C_3 = \dfrac{4 \times 3 \times 2}{3 \times 2 \times 1} = 4$ 通り。

数札5枚の中から1枚を選ぶので、$_5C_1 = \dfrac{5}{1} = 5$ 通り。

したがって、$4 \times 5 = 20$ 通り。

・**絵札4枚の場合**

絵札4枚の中から4枚を選ぶので、1通り。→ 数札は0枚

以上から、$20 + 1 = 21$ 通り。

　　→ 確率pと確率qのいずれかを満たす確率 $r = p + q$

問題5　**解答**　**H**　$\dfrac{10}{21}$

💡 **組み合わせと確率：すべての場合の数のうち、絵札2枚・数札2枚の条件を満たす場合**

すべての場合の数は、9枚のカードから4枚を引くので、

$_9C_4 = \dfrac{9 \times 8 \times 7 \times 6}{4 \times 3 \times 2 \times 1} = 126$ 通り。

絵札4枚から2枚引く場合の数は、$_4C_2 = \dfrac{4 \times 3}{2 \times 1} = 6$ 通り。

数札5枚から2枚引く場合の数は、$_5C_2 = \dfrac{5 \times 4}{2 \times 1} = 10$ 通り。

模擬

非言語

69

したがって、条件を満たす場合の数は、6 × 10 = 60 通り。

→ 確率 p と確率 q が同時に起きる確率 r ＝ p × q

以上から、60 ÷ 126 ＝ $\frac{60}{126}$ ＝ $\frac{10}{21}$ 。

→ すべての場合の数 n のうち、特定の条件を満たす場合の数 r が起きる確率

r ÷ n ＝ $\frac{r}{n}$

問題6　解答　G　460

💡 **割合：P の食料品の売上額× 0.2**

2300 の 20% はいくらかを考えればいい。2300 × 0.2 ＝ 460

問題7　解答　H　660

💡 **割合：R の食料品の売上額× 0.16**

まず R の食料品の売上額は、13750 の 30% なので、13750 × 0.3 ＝ 4125
このうちの 16% が生鮮食品の売上額なので、4125 × 0.16 ＝ 660。

問題8　解答　E　7400

💡 **割合：生鮮食品の売上額 740 を基に計算する**

まず生鮮食品が 740 で、これが食料品の 25% を占めているので、
食料品の売上額は、740 ÷ 0.25 ＝ 2960。
これが全体の売上の 40% を占めているので、
全体の売上額は、2960 ÷ 0.4 ＝ 7400。

問題9　解答　F　2 位＝ S、4 位＝ R

💡 **割合：生鮮食品の売上額÷全体の売上額**

P：460 ÷ 5750 ＝ 0.08 ＝ 8%
Q：400 ÷ 12500 ＝ 0.032 ＝ 3.2%

R：660 ÷ 13750 ＝ 0.048 ＝ 4.8%

S：740 ÷ 7400 ＝ 0.1 ＝ 10%

T：600 ÷ 2500 ＝ 0.24 ＝ 24%

したがって、T → S → P → R → Q の順になる。2 位は S、4 位は R である。

問題10　**解答**　**D　ア・イ**

💡 対応：表にしたとき、各肉の人数・各人の種類数の枠もつくる

問題文からざっとわかるのは、次の通り。

	豚肉	牛肉	鶏肉	惣菜	鴨肉	種類数
P		○		×	×	
Q	×		○		×	
R		×		○	×	
S	×		○		×	
T					○	2
人数	3	2	2	2	1	

このとき、豚肉の 3 人は P・R・T で確定。したがって、T の買った 2 種類も確定。鶏肉の 2 人も Q・S で確定。鴨肉の 1 人も T で確定。P の買った肉、R の買った肉も確定。それ以外は決定できない。

	豚肉	牛肉	鶏肉	惣菜	鴨肉	種類数
P	○	○	×	×	×	2
Q	×		○		×	
R	○	×	×	○	×	2
S	×		○		×	
T	○	×	×	×	○	2
人数	3	2	2	2	1	

上の表の通り。ア・イが正しい。

71

問題11　解答　G　ア・イ・ウ

💡 **対応：可能性のあるものなので確定していなくてもよい**

アは正しい。Qが牛肉も惣菜も買い、Sがどちらも買わなかったとしたら、この記述は正しい。
イは正しい。アと同じ場合だと、Sは鶏肉しか買っていない。
ウは正しい。Qが牛肉を買い、惣菜を買わなかった場合、この記述は正しくなる。
よって、ア・イ・ウとも正しい可能性がある。

問題12　解答　B　イのみ

💡 **対応：必ず成り立つものだけを選ぶ**

アは誤り。Qが3種類買ったとしたら、惣菜も入る。惣菜を買ったのは2人なので、QとRで決まり、Sは買っていないことになる。
イは正しい。
ウは誤り。Sが惣菜も牛肉も買い、Qが1種類だけの場合もありうる。
よって、イだけが正しい。

問題13　解答　B　20人

💡 **集合：a を求める**

考えられるアンケートの答えは、以下の通り。

a　ご飯は好きだがパンは嫌い
b　パンは好きだがご飯は嫌い
c　パンもご飯も好き
d　どちらも嫌い

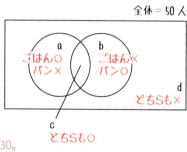

ベン図にするとこうなる

ご飯が好きな生徒は30人いるが、これは a + c にあたる。すなわち、a + c = 30。

また、c は $50 \times \frac{1}{5} = 10$。→ どちらも好きな生徒は全体の $\frac{1}{5}$ である

よって求める人数 a は、a + 10 = 30、a = 20。

問題14　　**解答**　**C**　15人

集合：前問の a = 20、c = 10 を活用する

パンだけが好きな生徒は先述の b。
その数はどちらも好きではない生徒
(d) の 3 倍である。
前問より a = 20、c = 10 なので、
a + b + c + d = 50 より、
20 + b + 10 + d = 50。
したがって、b + d = 20。
このとき、b は d の 3 倍なので、b = 3d。
この式を前の式に代入すると、3d + d = 20。
したがって、d = 5、b = 15 となる。→ b は d の 3 倍

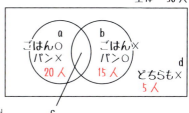

問題15　　**解答**　**B**　9人

集合：合計 80 人のうち、どちらも好きではない生徒の数から求める

合計 80 人のうち、どちらも好きではない生徒は、$80 \times \dfrac{7}{40} = 14$ 人である。

元の 50 人のうち、どちらも好きでない生徒 (d) に当てはまるのは、前問より
5 人。よって、14 人のうち、あとから追加されたのは 14 − 5 = 9 人。

問題16　　**解答**　**F**　$\dfrac{19}{10}$

問題 14、15 の人数を活用する

パンは好きだがご飯は好きではない生徒 (b) は、問題 14 より 15 人。

これが $\dfrac{8}{5}$ 倍になったので、人数は $15 \times \dfrac{8}{5} = 24$ 人。

また問題 15 より、どちらも好きではない生徒は 5 人から 14 人になった。
したがって、ご飯が好きではないのは、
合算前は 15 + 5 = 20 人だったのが、合算後は 24 + 14 = 38 人。
20 人が 38 人になったので、増えた割合は、

$38 \div 20 = \dfrac{38}{20} = \dfrac{19}{10}$ 倍。

問題17 **解答** **D** ア・イ

💡 勝敗：各者ポイント数から、勝敗・引き分け数を確定する

問題文からわかるのは、次の通り。

	P	Q	R	S	T	結果
P			×			5
Q					○	6
R	○			○		
S			×			3
T		×				

奇数のポイントには
引き分けが入ることに注意

2回以上引き分けた者はいないので、
最終結果より、P（5ポイント）は2勝1敗1分、Q（6ポイント）は3勝1敗、S（3ポイント）は1勝2敗1分だったことがわかる。

→ ポイントから勝負、引き分けを確定する

条件より、Pの1敗はRである。また、Qは引き分けがないので、Pは少なくともQには勝っていることがわかる。となるとQは3勝1敗なので、P以外には全勝のはず。
また、SはQ・Rに負けたので、P・Tに対しては1勝1分であるが、Pに勝っているとするとPは5ポイントにならないため（4ポイントになる）、Pに対しては引き分けである。
これにより、PはTに勝ち、SもTに勝っていたことがわかる。
わかるのはここまでである。RとTの対戦結果については決定できない。

	P	Q	R	S	T	結果
P		○	×	△	○	5
Q	×		○	○	○	6
R	○	×		○		
S	△	×	×		○	3
T	×	×		×		

74

アは正しい。表の通り。

イは正しい。表の通り。

ウは誤り。SはTに勝った。

よって、正しいのはアとイ。

問題18 解答 G 1位、2位、3位

勝敗：RがTに勝った場合、負けた場合、引き分けの場合を想定する

RがTに勝っていれば6ポイントになり、1位である。

　→Q・R－P－S－Tの順

RがTに負けていれば4ポイントとなり、3位である。

　→Q－P－R－S－Tの順

RがTに引き分けていれば5ポイントとなり、2位である。

　→Q－P・R－S－Tの順

よって、1位・2位・3位がありうる。

問題19 解答 E ア・ウ

勝敗：T・Rの対戦結果を決定できる条件なら、全員の勝敗が決まる

アは決定できる。全敗の可能性があるのはTだけなので、TはRに負けたことがわかる。

イは決定できない。P・Sが引き分けなので、T・Rは勝負がついたことまではわかるが、どちらが勝ったのかまではわからない。

ウは決定できる。1位が2人になるのは、RがTに勝って6ポイントとなり、Qと並んだ場合のみ。

よって、アとウとなる。

75

| 模擬 | 言語 |

▶ 問題は 150 ～ 158 ページ

問題1　　解答　G　ア・イ・ウ

💡 **原料の関係（A は B からつくられる）を選ぶ**

「チーズは牛乳からつくられる」という文がつくれる。原料の関係。

アは正しい。かんてんの原料はてんぐさである。

イは正しい。納豆の原料は大豆である。

ウは正しい。せんべいの原料はコメである。

問題2　　解答　E　ア・ウ

💡 **包含の関係（A は B の一種）を選ぶ**

「冷蔵庫は家電製品の一種である」という文がつくれる。包含の関係。

アは正しい。「随筆は文学の一種である」といえる。随筆はエッセイのこと。

イは明らかに誤り。

ウは正しい。「ジャズは音楽の一種である」といえる。

問題3　　解答　B　イのみ

💡 **役割の関係（A は B をするためのもの）を選ぶ**

「カメラは撮影するためのもの」という文がつくれる。役割の関係。

アは誤り。マイクは録音というよりも集音するためのもの。たとえばスピーチなど
でマイクを用いるときは録音には使わない。

イは正しい。「プリンターは印刷するためのもの」といえる。

ウは明らかに誤り。

問題4　　解答　E　ア・ウ

💡 **対義語の関係（A と B は反対の意味）を選ぶ**

「延長」と「短縮」は対義語関係にある。

アは正しい。「一瞥(いちべつ)」はちらっと見ること。一見。一目。「凝視(ぎょうし)」はじっくり見つめること。熟視。

イは誤り。「挽回」は、失ったものを取り戻すこと。回復。「返上」は返すこと。受け取らないこと。手元にあったものを手放すこと。

ウは正しい。「逸材」はすぐれた才能。「凡才」は平凡な才能。

問題5　　**解答**　**B**　瓦解

B「瓦解(がかい)」が正しい。日本家屋の屋根瓦は、たがいに支え合う構造になっているため、1枚脱落しただけで全体が崩落することもありうる。このことから、一部が壊れたことで全体がだめになることを「瓦解」という。

A「損傷(そんしょう)」は傷つくこと。C「崩落(ほうらく)」は崩れ落ちること。E「崩壊(ほうかい)」は壊れること。いずれも一部と全体との関係を表さない。D「断絶(だんぜつ)」は、長く受け継がれてきたことが途絶えること。家系断絶、国交断絶などと用いる。

問題6　　**解答**　**D**　寡聞

D「寡聞(かぶん)」が正しい。「寡」はほんの少し、わずかという意味。寡聞は主に謙遜に用いる言葉で、「寡聞ながら発表いたします」「反対意見は寡聞にして知らない(自分の見識など浅いものだが、それでも反対意見を聞いたことがない)」などと用いる。

A「薄情(はくじょう)」は情が薄いこと。B「壮健(そうけん)」は体が健康で元気な様子(主に中高齢者に用いる)。C「強弁(きょうべん)」は筋が通らないことを無理に主張すること。E「浅短(せんたん)」は浅はか、未熟な様子。

問題7　　**解答**　**E**　狡猾

E「狡猾(こうかつ)」が正しい。

A「残滓(ざんし)」は残りかすのこと。「滓」は「かす」とも読む。

B「狭量(きょうりょう)」は度量が狭く、異なる意見を受け入れられない様子。

C「卓越(たくえつ)」他よりもはるかに優れていること。超頻出語。

D「遺賢（いけん）」は能力が優れているのに、それに見合った立場を与えられていない人のこと。

問題8 　解答　B　辛辣

B「辛辣（しんらつ）」が正しい。「辛」も「辣」も辛いという意味がある。「辣油」は中華料理で用いるラー油のこと。
A「箴言（しんげん）」は教訓の意味を持つ戒めの言葉。超頻出語。C「批准（ひじゅん）」は国家間の条約などを締結すること。D「寸評（すんぴょう）」はごく短い批評。E「罵詈（ばり）」は汚い言葉、悪口のこと。「罵詈雑言」などと用いる。

問題9 　解答　B　容認できずしりぞけること

「排斥（はいせき）」は、容認できずしりぞけること。「外国人排斥運動」などと用いる。「斥」は、しりぞけること。磁石のN極同士を近づけるとたがいに反発するが、これは「斥力」という力がはたらいている。
また「斥」にはE「ひそかに様子を探ること」という意味もあり、「斥候（スパイのこと）」などで用いる。

問題10 　解答　A　並外れて風変わりな様子

「突飛（とっぴ）」は、並外れて風変わりな様子のこと。「奇抜」と同意語。
B「いきなりの強風」は「突風」。

問題11 　解答　E　オ

最後の文「効果も否定できない」につながる文を探す
選択肢をみると、本文後半「効果」につながるのはア「より自由にする」しかない。したがってアが最後。
そして、アにつながるのはウしかない。「芸術家の創作活動をより自由にする」という流れ。→ ウ・ア

となると、その前はエしかない。残ったイ・オ・カも、並び替えは容易だろう。

一般的に商業主義は、
カ芸術性とはイ両立しえないとオ思われがちだがエ商業的な成功がウ芸術家の
創作活動をアより自由にするという
効果も否定できない。

問題12　解答　C　ウ

💡接続詞に注目

イ「したがって」は最後にくるのが明らか。
エ「つまり」は、前の文を要約・補足していることを意味する。そこで、内容
から考えて、エが補足しているのはアの内容である。したがって、アーエの順
番ができる。
オは冒頭に来る。ウはエをさらに発展させている。
したがって、オーアーエーウーイという順番ができる。

問題13　解答　C　均質化と個性化

「グローバル化とポスト工業化が正反対の方向を目指している」という文脈な
のであるから、それぞれの特徴のうち「正反対」のものを選び出せばいい。
そのように考えると、グローバル化の本質が「普遍化・均質化」であり、ポス
ト工業化の本質が「個性化」であることは明らかである。正解はC。

問題14　解答　E　職人の技術

「市場の選択は〜遅すぎる」というのは、人材が育ち、その人材の技能が市場
から評価されるまでに時間がかかりすぎることを意味している。つまり、技能
が必要となる仕事は、その技能をこなせる人材が絶対的に必要であるにもかか
わらず、その人材を評価する基準を誰も持ちえないために、結局のところ判断
が遅くなってしまうということだ。したがって、Eが正解。
Aは誤り。これもたしかに重要な技術のひとつではあるが、それだけに限定す

る必要はない。他にも市場が評価し得ない技術は多くあるはず。

Dも誤り。守るべき重要な技術であるという認識は当然筆者も持っているが、これだけに限定する必要はない。

B・Cは明らかに誤り。

問題15　**解答**　**B**　従来の機械に自動制御の機能が加わった。

先に示したように、グローバル化の本質は「均質化」であった。やや乱暴な表現であるが、「均質でないもの」を「均質にする」ことこそが本質である、という考え方でいいだろう。

ということは、Bはその条件には当たらないと考えられる。自動制御機能は均質化というより、均質化・マニュアル化された労働をさらに推し進めるためのものであり、「均質でないものを均質にする」という均質化の考えとは相容れない。

問題16　**解答**　**E**　労働技能を機械に委託すること。

選択肢の記述がどれも似ているために戸惑うかもしれないが、本質をきちんと見極められたかどうかが問題となる。

この文脈において、「（グローバル化が進行したことで）世界を一つにしたのは工程の単純化と標準化」であると断じたうえで、「（この潮流は）古い工業社会の延長上」であるわけである。ということは、古い工業社会の持つ本質を推し進めたら「工程の単純化と標準化」が起こった、と筆者は考えていることになる。

すなわち、工業社会の本質はEでしかありえない。労働技能を機械に委託することを推進するうえで、「工程の単純化と標準化」がいわば派生的に、反射的効果として生まれてきた、というわけである。

選択肢A・B・Cは「本質」とは無関係。Dは悩むかもしれないが、「古い工業社会の延長上」に「工程の単純化」があるのだから、工業社会の本質であるはずはない。